万人受けを狙わない熱狂的な
ファンのつくり方

遠ざけの法則

中山マコト

プレジデント社

「万人受けを
狙っている時代ではないのです」

はじめに

選ぶ勇気、ありますか?


お客さまを選ぶ!

ま〜、なんと不遜な態度だ! そう思われるかも知れません。

が、少し冷静になって周囲を見て欲しいのです。

観察して欲しいのです。

本書に登場する多くの企業、店、商品。

本書に登場はしないけれども、あなたが好きな、お気に入りの会社や店、商品。

実はすべてお客さまを選んでいます。

いえ、選ぶと言うのが違うなら、選ばれているんです、選ばれたいお客さまに。

そう、この選ばれたいお客さまに、キチンと選んでもらえる生き方と言うか〝在り方〟を、
あなたと一緒に考えて行くのがこの本の趣旨です。

相思相愛と言う言葉があります。

お互い、本当に理解し合った同士が創り上げる強固な関係のことを言います。

お互いが……と言う部分が味噌。一方通行ではないのです。

今の世の中、一方都合のビジネス、自己都合の経営があふれかえっています。

お客さまから見たら、「なんでこうなんだろう?」「そんなのおたくの都合でしょ?」と言うやり方ばかり。

それでは本当の相思相愛など絶対に手に入りませんよね?

たとえば、ブランドと言う言葉。

これまた実にいい加減な使われ方をしていると感じます。

ブランドとは、長い年月をかけて、揺るぎない想い、変わらない熱のようなモノを、メッセージとして発信し続け、その堆積の上に成り立つモノだと思います。

雲母が長い時間をかけて大きな岩になるような……。

『君が代』の歌詞で言えば、「さざれ石」です。(さざれ石の意味が分からない方は、良い機会です、調べてみてください)

時間をかけて伝え続けるからこそ、その〝想い〟や〝熱〟に惚れ込んだ人が、「私はあなたを信じる！」と言う風に言ってくれる。

ブランドなんて、そうそう手軽に、ちょこちょこっと、らしく演出した位でできあがるモノではないんです。

では揺るぎない想い、熱とはどんなモノか？

それは、たとえばこんなエピソードで説明できます。

ある海外のブランドは、常連のお客さま以外には、いくら現金を積まれても売らないそうです。

どうしてか？

長い時間の付き合いを経てきたお客さまと、その歴史を経ずにお金で解決しようとするお客さま。

どちらを選ぶか？　大切にするか？　が決まっているからです。

自分を信じ、あなたと共に生きるよ！　と言ってくれる人を〝お客さま〟と定義しているからですね。

つまり、選び選ばれ……の世界。

まさにこれこそがブランドです。

これが実現すると、何が素晴らしいかって、「もめ事」が起こらなくなる。

だって、「あなたを信じる！」と言う人だけが集まってくるんですから、いわゆる値引きも、クレームも起こりようがない。

それどころか、「売ってください！」となるわけです。これ……幸せでしょ？


選び選ばれる。

それにはいくつもの切り口、指針があります。

本書ではそのなかでも、読者のあなたに分かりやすい切り口を用意しました。

この事例研究から刺激を受け、あなたの会社や店、あなた個人が、選び選ばれる存在になってくれると、本当に嬉しいです。

選ばれるには、選ばれるに足る理由や根拠が要ります。

言い換えれば、好かれるには嫌われることも必要です。

こだわり、とがり、ぶれないからこそ、反作用としての「嫌い」が生まれる。

これ……素晴らしいことです。

本書で登場する名言。

『敵が多い。だから私は幸せだ』

が、そうは言っても、何年も時間をかけて……なんて言う余裕はないよ！　今、そう思いましたよね。

大丈夫。

本書では、あなたが相思相愛の相手を見つける、コンパクトなやり方を沢山紹介します。

時間をかけなくても、それに準ずる効果が出せる、分かりやすいやり方です。

さて、しゃべりすぎました。

あなたと一緒に、選び選ばれる店へのレールに乗りましょう。

そして目的の駅を目指しましょう。

選び選ばれる〝あなた〟への旅。

今、スタートです。

目次

CONTENTS

第3章 敵をつくる

第4章

ターゲットで分ける　ガチガチ専門という生き方

第5章

地名で分ける　大分郷土料理、〝とど〟の生き方

第6章
キャッチフレーズで分ける

第1章

究極のメカニズム、踏み絵

嫌なヤツが寄ってこない、会いたい人だけが寄ってくる

INTRODUCTION

あなたのビジネスにとって、幸せとは何でしょうか？

自分自身の幸せや会社の幸せは考えたことがあるかもしれませんが、ビジネスは人格を持ちませんから、ビジネスにとっての幸せを問われて、サッと答えが浮かぶ人は少ないかもしれません。

では、少し質問を変えましょう。

あなたの会社にとっての幸せは何でしょうか。

お客に喜ばれることでしょうか。売り上げが上がること、利益が上がること、事業が拡大すること、社員が成長すること、社会から必要とされることなど、さまざまなゴールイメージを持っていると思います。

どんなゴールでも構いません。

すべてに共通する必要十分条件が、たったひとつだけあります。

それは「共感」です。

お客が喜ぶということは、あなたの会社が提供する商品やサービスに共感しているからです。共感してくれるお客がいるから、売り上げが上がるし、利益も出せるし、新規出店や事業拡大にもつながります。

また、お客の共感を得続けるためには、会社の方針や理念に共感する社員あるいは協力先がいなければなりません。共感してくれる仲間がいるからこそ、あなたの会社はお客の共感を得ることができ、社会に必要とされるのです。

会社は共感してくれる人によって成り立っています。

ということは、**ビジネスとは共感してくれる人との出会いを創造する行為だと言えます。**

改めて質問します。

あなたのビジネスにとって、幸せとは何でしょうか？

「共感してくれる人との素晴らしい出会い」

私はこれに尽きると思うのです。

共感してくれる人を引き寄せる

店をやっている人なら「たくさんのお客さまに来ていただきたい」と思うでしょうし、商品やサービスを提供する人なら「多くの人に利用してほしい」と思うでしょう。この発想は理解できるのですが、むやみに引き寄せればいいというものではありません。

第4章でご紹介する『ガチガチ専門』は、その名の通り、肩や背中や腰がガチガチにこっている人をターゲットにした店で、こり固まった筋肉をほぐす特殊な技術を持っています。

もしも、この店が普通のマッサージ店のように、幅広い人を受け入れるとしたら、どうでしょうか。せっかく他店が真似できない技術を持っているのに、大してこっていない人や、普通のマッサージ店で満足している人を相手にするのはもったいないですよね。一度に施術できる人数には限りがありますから、不特定多数を受け入れることで、本来のターゲットであるガチガチにこっているお客さまと接する機会が減ってしまうのです。

だから、この店は看板に『ガチガチ専門』と明示して、ガチガチ向けに開発した特殊な技術を、然るべきターゲットに届けられるようにしました。ガチガチ専門というコンセプトに共感する人を強力に引き寄せることで、そうではない人を招き入れないようにしているのです。

第3章でご紹介するヴィレッジヴァンガードも、共感する人だけをターゲットにしている店です。この店のコンセプトは『遊べる本屋』。店内では雑誌や書籍だけでなく、アパレルや駄菓子なども扱っていて雑貨屋のような雰囲気です。もし普通の書店に行く感覚で店に入ったら「ごちゃごちゃしていて本が探しにくい」「BGMがうるさい」「学校指定の参考書が置いてない」とクレームをつけたくなるはずです。

でも、この店は最初から静かに本を買いたい顧客はターゲットにしていません。看板に『遊べる本屋』というキャッチフレーズを掲げ、店頭も賑やかにディスプレイし、書店らしくない雰囲気をつくっています。ヴィレッジヴァンガードはそういう店だと理解した上で楽しんでくれる顧客だけを引き寄せたいのです。

入るべき店を間違うことは、顧客にとっても店にとっても不幸です。

たとえば、辛い料理しか用意がない店に、辛いものが苦手な人が入ったとします。お客さまはメニューを見て辛いものしかないことに驚き、ここでの食事は無理だと断念します。「ああ、時間の無駄だった」と思うでしょうし、「辛い料理しかないなら最初に言ってほしかった」と落胆するでしょう。

一方、店としても「当店はこういうコンセプトで……」と説明をしなければならないし、食べずに帰ると言われれば「せっかく来店してくださったのに申し訳ありません」と頭を下げなければなりません。1円の売り上げにならない場合でも、店はクレームにならないよう丁寧に接する必要があり、その時間や労力は実にもったいないです。

このように双方に利がないわけですから、ミスマッチは何としても避ける必要があります。それには、**誰彼構わず引き寄せるのをやめること。共感してくれる人だけを引き寄せられれば、ミスマッチの悲劇は起こらないのです。**

熱狂的なファンのつくり方

「たくさんのお客さまに来ていただきたい」という発想を転換する

共感してもらいたいものは何か

どうしたら共感してくれる人だけを引き寄せ、そうではない人を遠ざけることができるのでしょうか。

最も大切なことは、何に共感してもらいたいのかをきちんと規定することです。

共感とは何もないところから自然発生的に湧いてくる感情ではなく、提示されているものに対して生まれる感情です。あなたのポリシーや会社の理念、店のコンセプトといったものが提示されなければ、共感は生まれようがありません。

第3章では事例として『見るは大丸、買うはダイエー』というコピーを取り上げました。当時は百貨店で買い物をすることがステータスで、大丸はそのなかでも憧れの店舗でした。しかし、ダイエーの創業者・中内切さんはこのコピーを通して「大丸は見て回るにはいいけれど、同じものを買うならダイエーの方が安いですよ」と訴えます。この「百貨店と同じものが安く買える」というコンセプトは主婦の共感を呼び、ここからダイエーの黄金時代が始まるのです。

不世出の商人である中内さんは絶妙なコピーで、ターゲットである主婦層にコンセプトを伝えることに成功しましたが、日本人は一般に伝えることが上手ではありません。

そもそも空気を読むことが良しとされていますし、阿吽《あうん》の呼吸やツーカー、背中で語る、師匠の技を見て盗むなんていう表現も肯定的な意味合いで使われます。伝える技術よりも、読み取る技術や忖度する姿勢が重視されてきたのです。こういう発想ははっきり言って時代遅れ。もうやめにしましょう。

あなたの思いや考えは、言葉で言わなければ相手の耳に届きませんし、視覚化して示さなければ分かってもらえません。家族や恋人、親しい友人ならばともかく、ビジネスでは「伝わるだろう」「分かってくれるはず」はご法度。些細な誤解や勘違いが大きなトラブルに発展することもありますから、プライベート以上に丁寧な説明を心掛けるべきです。

あなたが伝えたいものは何ですか。

ポリシーや理念、コンセプトはきちんと言語化あるいは視覚化されていますか。

自分たちの強み、提供する商品・サービスの特徴、差別化策は整理できていますか。

あなたが伝えたいことが、きちんと伝わるように、ときに客観的な視点も交えながら、必要な情報をまとめていきましょう。万人受けを狙う必要はありません。共感してくれる人が共感してくれれば良いのです。

それをどう表現するのが最適なのかは伝えたい内容によっても異なりますし、業種や業態によっても違うと思います。

第2章では視覚で表現した事例を紹介しました。店の看板や商品のパッケージなどを見て「私に合っている！」と思えば、それは視覚的に表現した世界観に共感したということです。また、第3章は事業者のポリシーや生き様を、第4章は商品・サービスを届けたいターゲットを、第5章では絞り込んだ地名を、第6章は個性あるキャッチフレーズを、第7章は掘り下げた趣味嗜好を、それぞれ打ち出すことで、特定のターゲットの共感を得ている事例を取り上げています。あなたのビジネスに役立つヒントがきっとどこかにあるので、ぜひ参考にしてください。

熱狂的なファンのつくり方
共感してくれる人に「伝えたい思い」を確実に届ける

嫌なヤツを遠ざける踏み絵の役割

あなたがポリシーやコンセプトを提示した場合、想定される反応は3つです。

1つ目は共感。「私のためのサービスだ！」「このコンセプト、好きだな」というように好感を抱いてくれます。強く心が揺さぶられた人ほど、熱烈なファンになってくれることでしょう。

2つ目は無関心。特に良いとも悪いとも思わない。極論すれば、あなたが何を発信してもまったく届かないタイプです。どんなに努力をしても届かない相手は一定の割合でいますから、この層はこちらも無関心で良いでしょう。

3つ目はアンチ。「自分は苦手」「これは利用したくない」というように、受け入れがたいという感情を抱きます。せっかく考え抜いたキャッチフレーズやポリシーを否定されていると思えば、悲しい気持ちになりますが、このアンチを炙《あぶ》り出すことがビジネスでは重要です。

第6章では「すごい煮干ラーメン凪」を取り上げています。この店は大量の煮干を使った濃厚スープが自慢で、煮干ラーメンが苦手な人には難しい味です。それは店も分かっているので、店頭に「苦手な人ご遠慮ください」と書いています。もし、このことを打ち出さなかったら、どうなったでしょうか。一部の人は注文したはいいけれど、想像以上に煮干が強くて食べきれずに残すはずです。そのうちの何人かは「まずい」「くさい」などネガティブな感想をＳＮＳで発信したり、なかにはお金を返せと言い出す人もいるかもしれません。

最初に特徴を明示することは、面倒なトラブルを避けることにつながります。

これ、いうなれば〝踏み絵〟です。

「当社はこういうポリシーです」

「この商品はこういう特性があります」

諸々知った上で、それでも良いと思った人は買い、嫌だと思った人には去ってもらう。このフィルターをかけるのが踏み絵の役割です。お金を払ったり、サービスを利用したりする前に去ってもらうことが、トラブルを未然に防ぐ上で重要なのです。

第3章では、化粧品の製造販売を行う再春館製薬所の『初めての方にはお売りできません』というコピーを取り上げています。化粧品による肌トラブルはメーカーにとって最大のリスク要因ですから、再春館製薬所では初めての人に無料サンプルを提供しています。これが踏み絵。サンプルを使って肌に合うと思ったら、製品を購入してもらうのです。もし肌に合わなかったとしても、サンプルは肌に合うかどうかを試すためのものですから、ここから大々的なクレームに発展する可能性は高くありません。サンプルに要するコストは相当なものですが、最初から高額の商品を買ってもらう方がハイリスクだと判断したのだと思います。

踏み絵の重要性、分かっていただけたでしょうか。踏み絵を用意することで、共感してくれる人と、そうではない人が明確に分かれます。万人受けするものや中庸なものはアンチが出にくいけれど、共感も得にくいので、踏み絵としては弱い。その反対に、**唯一無二なもの、エッジの効いたもの、ターゲットを絞り込んだものなど、個性が際立った踏み絵は、熱狂的なファンとアンチを同時に生み出します。**そういう踏み絵だからこそ、共感してくれる人だけを引き寄せ、そうではない人を遠ざけることができるのです。

熱狂的なファンのつくり方

最初に自分の特徴をハッキリと明示＝踏み絵が共感を呼ぶ

第2章

視覚で分ける

なぜ、〝中本〟の看板は
真っ赤なのか？

人間は視覚から多くの情報を得ています。外部から得る情報の8割から9割は視覚から得ているとも言われます。「百聞は一見に如かず」「一目瞭然」など、視覚情報の強力さを表すフレーズも数多く存在します。

視覚情報がなぜこんなにもインパクトを持つのでしょうか。

それは伝達スピードが圧倒的だからです。一見して伝わる。子どもでも大人でも直感的に分かる。これは大変に価値があることです。

たとえば、ランチの店を探すとき、まずは看板や店構えをパーッと見ますよね。あなたの脳は視覚情報と過去の経験とを照らし合わせて、幾多の店から良さそうなところを探します。気になる店があれば、改めて看板やメニューを確認し、納得してから店に入ります。何か好ましい要素が見つかっただけでなく、決定的にダメな要素もなかったということでしょう。顧客は自ら第一のハードルを越えたわけです。

ということは、**来てほしい顧客は好み、来てほしくない顧客は嫌うような外観にすれば、店にとって良い顧客だけを集めることができそうですよね。**

「そんなことをしたら、お客さまが減りそう」と不安に思う人もいるかもしれません。

しかし、店にとって望ましくない顧客を迎えることは、お客さまにも店にも不幸です。

スターバックスコーヒーはテラスの喫煙スペースを段階的に減らしていき、完全禁煙を実現しました。店頭から煙が消えて久しく、最近では「灰皿ありますか?」と尋ねる光景を見なくなりました。禁煙のせいで客数が減ったという話は聞いたことがありません。

むしろ、スタバが個性を打ち出したことで、嫌煙家も愛煙家も店を選びやすくなったのではないでしょうか。

ドトールコーヒーをはじめ、分煙のコーヒーショップは店頭に分煙マークを貼り、喫煙可をアピールしています。個性が際立つほどに熱狂的なファンが現れるもの。愛煙家にはドトールのシンパが少なくありません。

このことは店に限らず、商品やサービスでも同じです。**ビジュアルを工夫すれば、取り込みたい層を引き寄せ、そうではない層を遠ざけることができます。**

本章ではビジュアルによる自己表現が上手な店や商品をご紹介します。

真っ赤な色で〝辛さ〟を伝える『蒙古タンメン中本』

飲食店には赤い看板の店が多いです。マクドナルドやロッテリア、ガストなど、大手チェーン店にも赤はよく使われています。暖色は食欲を増す色と言われていますし、たくさんの色彩が入り混じる街中でも比較的目につきやすいからでしょう。

そんな赤色系の看板のなかで、異彩を放つのが『蒙古タンメン中本』。

ここはとにかく赤い。

看板だけでなく、壁面も、店頭のメニューも、カウンターやスタッフのバンダナまでも、すべてが真っ赤です。

しかも、看板の店名は明朝系の書体。丸みや柔らかさは感じられません。文字色は金色か黒色に統一され、なんとも刺激的な意匠の看板です。

赤色かつ刺激的といえば、何を思い出しますか？

そう、トウガラシです！

事実、『蒙古タンメン中本』は辛いもの好きに支持されている店です。看板メニュー「蒙古タンメン」は濃厚な味噌タンメンに、トウガラシが効いた特製の麻婆豆腐がたっぷりとのった逸品。「辛うま」と謳っている通り、ただ辛いだけではありません。麻婆豆腐と野菜のうま味が溶け込んだスープとむっちりした太麺の相性は抜群で、食べ進むほどに汗が噴き出すけれど、箸が止まらなくなります。

また、最強の辛さを誇る「北極ラーメン」は辛いものが苦手な人には絶対にオススメできないメニューです。スープは文字通り真っ赤で、太麺にも具材の野菜や豚肉にもトウガラシ片が絡んでいます。想像するだけで口の中がヒリヒリしそうですが、この突き抜けっぷりが辛いもの好きをうならせ、リピーター続出の大人気メニューなのです。

一度も行ったことがない人であっても、看板を見れば、『蒙古タンメン中本』が辛さを売りにしている店であることは分かります。

だからこそ、辛いものが好きな人はぜひ行ってみたくなる。

実際に食べてみて、気に入れば、リピーターになる。

そうやって熱狂的なファンになる人が後を絶ちません。

これがもしも、普通の提灯に普通の色の看板だったとしたらどうでしょう。行列を見て並んだ人のなかに、辛いものが苦手な人が混ざっていたとしたら、確実にもめますよね？　こんな店だとは思わなかった！　辛いものが苦手な人はやめておけ！　そうハッキリと書いとけよ！　そんな騒ぎになること、必至です。こうしたトラブル回避のフィルターの役目すら真っ赤な看板が果たしているのです。

現店主の白根誠さんは、もともとこの店の大ファンで、先代に「ぜひ後を継がせてほしい」と熱心に頼み込んで二代目を継いだそうです。味に惚れ込んだ常連客が後を継ぎ、より多くの人にその美味しさを届けるなんて、これ以上ない事業承継と言えるでしょう。

みなさんも街を歩きながら、意識して看板を見てください。

その店の味やイチオシ商品は伝わってくるでしょうか？

あなたも人間の視覚に訴える〝色〟を工夫してみてはいかがですか？

熱狂的なファンのつくり方

看板の色だけで店の特徴を一発で伝える

金色のパッケージでクオリティ感を表現『セブン‐イレブン 金のシリーズ』

1970年代初頭に登場したコンビニエンスストア。どの店も営業時間が短かった時代に、コンビニは利便性を〝売り〟に成長します。当時は定番商品の定価販売が基本で、店の個性は二の次でした。

その流れを大きく変えたのがプライベートブランド（PB）商品です。もともとはスーパーマーケット等が中間流通コストや広告宣伝費等を省いて、ナショナルブランド（NB）商品と似たものを安く販売しようと開発したもの。しかし、どの店でもPB商品を扱うようになると、安さだけでは売れなくなります。

セブン‐イレブンはそこに風穴を開けました。PB商品にはダイエー『セービング』やイオン『トップバリュ』のようにお得感を強調する名前が多いのですが、セブン‐イレブンは『セブンプレミアム』として高級路線を打ち出したのです。

さらに数年後、『セブンプレミアム ゴールド』、通称『金のシリーズ』を発売。

パッケージは食品としては異例の金色。商品名は「金の〇〇」。しかも、品質にとことんこだわる――これが決定打になりました。

2013年発売「金の食パン」は店頭で品薄になるなど、社会現象を巻き起こしました。それまでコンビニの食パンといえばNB商品ばかりで、まずくはないけれど特別なものでもなく「朝食用のパンを買い忘れたから、コンビニでもいいか」という位置づけでした。しかし、「金の食パン」はふんわりとした食感や香り高い味わいが専門店に引けをとらないと評判になり、いまなお根強い人気を誇っています。

食パン以外にも「金のハンバーグ」「金のビーフシチュー」など、ヒット商品が続々誕生しました。『金のシリーズ』に絶対的な信頼を寄せている人は少なくなく「店頭で金のパッケージを見ると、とりあえず買いたくなる」「金のシリーズ以外は買わない」との声も聞かれます。かくいう私も、値段とクオリティのバランスに魅せられています。

『金のシリーズ』はPB商品でありながら、値段は安くありません。むしろNB商品より高いくらいで、日常のちょっとした贅沢品といったところでしょう。その**演出としてインパクトある金のパッケージが効果を発揮しているのです。**

今、コンビニ業界は岐路に立たされています。店舗数は完全に飽和状態にある上に、これから人口は減少する一方。消費の多様化も進むなかで、各社はどこに活路を見出すべきか、難しい選択を迫られています。

セブン‐イレブンは日常の贅沢を求める層に対して、少々値段は高くても、それに見合うクオリティの商品を届ける方向に舵を切ったのでしょう。これも自社に顧客を引き寄せる戦略です。『金のシリーズ』はそんな新生セブン‐イレブンの象徴なのかもしれません。

あなたも、インパクトのある〝象徴的な色〟について、考えてみてはいかがでしょうか?

熱狂的なファンのつくり方

商品への徹底的なこだわりを金色のパッケージで表現。他社と差別化する

女子が飛びつく一眼レフ。選べるカラー『ペンタックスK-50、Q7』

少し前まで、カメラが趣味という人は圧倒的に男性が多かったように思います。

一眼レフカメラは大きくて重く、いかにもメカニカルで扱いが難しく、面倒なことがたくさんありました。2000年代に入るとカメラのデジタル化が進み、一眼レフにも手軽なエントリーモデルが増えましたが、それでもまだ一眼レフの購買層は男性中心でした。当時の女性は自分が一眼レフを持ち歩くことさえ、想像していなかったのではないかと思います。カメラ業界にとって女性層の開拓は大きなテーマになっていました。

そうしたなかで、2000年代終盤にペンタックスブランドから100タイプのカラーバリエーションを持つ『PENTAX K-x』が誕生。それまで一眼レフカメラといえば黒色のみで、コンパクトデジタルカメラでさえも、100タイプから選べるモデルはありません。そんな時代に『K-x』はピンクや黄色など、ポップなカラーをラインナップに用意しました。広告を見た女性は「かわいい！」「これなら持ち歩いてもいいな」と思ったに違いありません。

その後、ペンタックスから発売された『K－50』や『Q7』などにもカラーバリエーションのコンセプトが持ち込まれます。特にバリエーションが多かった『K－r』は、ボディとグリップとレンズの組み合わせ方が1440通りもあったのです。

これだけのバリエーションを用意するのは大変だったはずです。パーツの管理や受注システムの運用といったオペレーションを考えれば、色など増やしたくはないでしょう。しかし、ペンタックス（リコーイメージング社）は後発組で、独自戦略の必要性に迫られていたと推察します。だからこそ、他社も取り込めていない女性層を狙い、大胆なカラー戦略を選択。見事、カメラ市場に女性が増えるきっかけをつくったのです。

カラーバリエーションが引き寄せ効果を発揮するのは、いわゆるアーリーアダプタやアーリーマジョリティです。最初に製品を購入するイノベータは斬新さや新奇性が購買動機なので、カラーバリエーションは必要ありません。むしろ単一色に絞るほうがブランディングに有効です。ペンタックスの事例はデジタルカメラの一眼レフ市場が成長基調にあるタイミングだったからこそ、女性層の取り込みに効果を発揮しました。

そして、市場が成熟すると、また違った戦略が必要になります。現在、ペンタックスではいずれのモデルも複数色を扱っていますが、何十色もラインナップすることはしていません。カラーバリエーションでユーザー層を開拓するフェーズは終わったのです。

ちなみに、**男性は好きだと思ったモノを選ぶのに対して、女性はたくさんの選択肢から選んだモノが好きだと言われています。**これもペンタックスの戦略が当たった理由のひとつかもしれません。カラーバリエーションによる引き寄せ術や、〝色〟によって楽しませてワクワクさせるやり方を、ぜひ上手に取り入れてください。

熱狂的なファンのつくり方

圧倒的なカラーバリエーションで選ぶ満足感をくすぐる

立地も外見も怪しいけれど、本場の味を愛するファンが集まる新宿『上海小吃』

街は日々変化するものです。かつて演歌の殿堂と呼ばれた東京・新宿のコマ劇場の跡地には巨大なゴジラが鎮座し、新しい新宿を見下ろしています。その裏側には今なお雑多な街並みが広がり、新宿は今と昔が共存しているところが面白いのかもしれません。

本項の主役『上海小吃《シャオツー》』は風林会館ビル周辺に立地する上海料理の店です。もともとは普通の中華料理店でした。味は良かったのですが、特に目立つ店ではありませんでした。

転機になったのは1994年の通称「青龍刀事件」でした。

当時の新宿では、北京や上海、福建など、中華系のマフィア同士の抗争が激化し、あちこちで諍《いさか》いが起こっていました。報道には至らない事件も多かったはずです。そうしたなかで、青龍刀事件が発生します。『上海小吃』の近所の北京料理店で、2人が殺されたのです。

その2年後、作家、馳星周さんが歌舞伎町の中華系マフィアの抗争を描いた小説『不夜城』を発表。この小説は吉川英治文学新人賞に輝き、98年には金城武さん主演で映画化されています。混沌として猥雑で退廃的――ディープな新宿といえば、このイメージではないでしょうか。

さて、青龍刀事件を機に『上海小吃』周辺の店は相次いで撤退。お世辞にもキレイとは言えない路地裏から賑わいが消え、街はますます暗くなっていきました。『上海小吃』の玲子ママはそれでもへこたれませんでした。

この界隈には依然として大勢の中国人が働き、暮らしています。故郷の味を求める彼らに、玲子ママは本場さながらの料理を提供し続けました。歳月とともに、事件の衝撃は薄らぎ、中国人の間で「風林会館のそばに美味しい店がある」との評判が広がっていきます。やがて、上海に駐在していた日本人や美味しいものに目がない人々も集まるようになり、店は青龍刀事件以前よりもさらに繁盛するようになりました。

『上海小吃』の周辺は再開発が進んでおらず、今なお薄暗くて混沌としています。入り口を飾る赤色の提灯や中華風の装飾品は独特の雰囲気を醸し出し、通りがかりに「覗いてみようかな」という気持ちにはなりません。「今日はここで美味しい上海料理を食べるぞ」という覚悟が必要です。

そして、店内に足を踏み入れると、漢字だらけのメニュー札に大陸風の調度品、赤を基調としたタペストリー、上海なのか四川なのか中国語のお喋り……、想像以上の異国感です。**日本**

人の感性とは違う空気に包まれるからこそ、「ここなら日本風の中華料理ではなく、ホンモノの料理を食べられそう！」と思えるのです。玲子ママによれば、食材や調味料は上海から直接仕入れているそうです。日本ではちょっとお目にかかれない金針菜やサソリなどを使った料理も定番メニューに載り、お酒も特別な紹興酒や中国のお酒が勢揃い。あくまでご当地にこだわる姿勢がディープなファンの心をつかんで離さないのです。

あの事件から二十数年。『上海小吃』は超逆風が吹きすさぶなか、この地に留まり続けました。そして今日も、上海を愛する人たちが集い、本場の味に舌鼓を打って英気を養える場を提供しています。このように、あえて「不利な環境に飛び込む」勇気も必要かもしれません。

熱狂的なファンのつくり方

時代が変わっても、本場・上海料理の本筋を貫き通すことでファンに認知される

重厚なガラス扉の前に黒服スタッフがたたずむ『一流ブランドショップ』

超一流のブランドショップには独特の雰囲気が漂います。

派手ではないけれど存在感ある看板、最先端の洋服が並ぶショウウインドウ、3メートルはありそうな重厚なガラス扉、そして、ガラス扉のそばに立つ黒服スタッフ。

このような光景は日本だけでなく、ニューヨーク五番街やパリのサントノレ通り、ミラノのモンテナポレオーネ通りなど、世界の高級ブランドショップが集まるエリアでは当たり前になっています。

黒服のスタッフは通行人に向けて笑顔を振りまくわけでもなく、「いらっしゃいませ」など積極的に声掛けをすることもありません。ガードマンよろしく屈強な男性が立っていることもあり、威圧感やプレッシャーを感じる人もいます。

一人でも多くのお客さまを集めたいと思うなら、彼らはいない方がいいでしょう。入り口も手動のガラス扉ではなく、自動ドアにすれば、誰でも気軽に店へ入れそうです。

でも、そうはしない。

なぜでしょうか。

そのショップにふさわしい顧客だけを迎えたいからです。

黒服のスタッフは然るべき顧客が店頭に近づけば、恭しくガラス扉を開けて店内に誘います。彼らは接客のプロですから、必要ないときにはガラス扉をむやみに開けることはしません。頻繁に扉が開閉されれば、店内にいる人たちも落ち着きません。しかし、迎えたいお客さまが入店するとき、買い物を終えたお客さまが店から出るときは、実にスマートにガラス扉を開閉し、再び何事もなかったかのようにスッと定位置に戻ります。

その仕事ぶりはドアマンやベルボーイであり、ガードマンのようでもあります。店内を覗こうとしている通行人に対してガラス扉は開かれません。実に入りにくいものです。

だからこそ、その店に行こうと決めている人だけが店に入ります。

店内はブランドの支持者かつ購買意欲がある顧客ばかりですから、雰囲気が悪くなりようがありません。しかも、客数が少なければ一人ひとりに丁寧な接客が可能です。

その結果、一般的な店と比べて、来店客数に対する購入者の割合はかなり高くなり、購入点数も多くなるはずです。

黒服効果で来店客数が減っても問題はないどころか、フィルタリングをかけてターゲット層だけを招き入れることで、高効率のビジネスが成立していると考えられます。

黒服のスタッフは屈強なガードマンではなく、商売繁盛の黒い招き猫なのかもしれません。ターゲット層以外を入れない勇気、とても大事です。

熱狂的なファンのつくり方

「その店に行こう」という意志の強い顧客だけを受け入れる

もはやトヨタとは呼ばせない。ブラック＆ゴールドで脱大衆化『レクサス』

漆黒の大きな看板に、ゴールドのブランドロゴが輝く『レクサス』の販売店。見るからに高級感あふれる店舗です。

レクサスのメインの価格帯は400万円台から600万円台。最上位モデルは1000万円を優に超えます。高級車ブランドとして見れば特別ではありませんが、ご存知の通り、レクサスはあのトヨタが展開するブランドです。トヨタはトヨタで、センチュリーやセルシオなど、1000万円超えの高級車も持っているのですが、なぜあえて別途、高級車ブランドを立ち上げたのでしょうか。

トヨタが世界有数の企業であることは疑う余地がないでしょう。そのブランド力を支えているのは確かな〝ものづくり〟です。日本国内での圧倒的なシェアは説明するまでもありません。意外なところではトヨタ車はアフリカやアジアの郊外でも多数見かけます。廃車同然のトラックが何度も修理されては未舗装の道路を駆け抜け、現地の人々の暮らしを支えているのです。

頑丈で、壊れなくて、燃費も良い。これがトヨタのイメージです。
しかし、言い換えれば、庶民の車であり、大衆車のイメージなのです。

数十年前、世界一の販売台数を目指していたトヨタが次に開拓すべきは富裕層マーケットでした。しかし、セダンではメルセデス・ベンツやBMW、アウディにかなわず、スポーツモデルはポルシェやフェラーリの圧勝。ハイエンド市場の開拓にはトヨタというブランドに頼り過ぎるべきではないと考えたのでしょう。そこで生まれたのがレクサスでした。

レクサスは1989年にアメリカでデビューしました。当初はトヨタであることを積極的に出すことはせず、あくまで新ブランドとして展開します。メルセデスやBMWの顧客層をターゲットにマーケティング戦略を展開したほか、何かあれば即駆け付ける極上のアフターサービスが高く評価されたといいます。満を持して、レクサスが日本に逆輸入されたのは2005年のこと。車好きの間では注目を集めていましたが、初めてレクサスを知った人はトヨタだとは思わなかったのではないでしょうか。

トヨタは取り扱い車種により4系統の販売店網があり、ブランドカラーには赤色や緑色などポップな色を採用しています。窓ガラスにはA4コピー用紙に1文字ずつ記した「試乗キャンペーン」の文字が躍り、店内にはCM出演タレントの等身大パネルを設置。店舗によってはお子さん向けのカラフルな遊具を置いたスペースもあります。

それに対して、レクサスの店舗デザインは冒頭に記した通り、宝飾店や一流ブランドショップのような高級感にあふれています。店舗全体を包む色彩はモノトーンで、ロゴなど一部には金色を上品に配しています。壁面や床材には落ち着いた質感の素材を採用。エントランスおよび店内の開放的な構造もラグジュアリーブランドにふさわしいものです。

トヨタとレクサス、どちらの店に入ろうか、考える必要もないでしょう。店舗を見ただけで、自然と入るべき店に足が向くと思います。**これが視覚で差別化をする強みなのです。**

一瞬で、一目でわかる工夫、してみませんか。

熱狂的なファンのつくり方
店構えでクラス感を表現し、他と差別化する

第3章

敵をつくる

ピエール・カルダン的、言葉のバリア

テレビCMや広告などを見ていて素晴らしいコピーに出合うと嬉しくなります。CMの場合はメロディも相まって耳に残り、思わず口ずさんでしまうこともよくあります。

強く印象的なフレーズは商品を訴求するためのコピーよりも、企業姿勢やコンセプトを伝えるためのメッセージ性の強いコピーに多く見られます。

両者は似ているようで、言葉に込められた思いがまったく違います。前者は売ることが目的ですから、旬の表現を使ったり、販売テコ入れの際に差し替えたり、かなり柔軟な位置づけです。それに対して、後者は自社のこだわりや生き様を世間に伝えるためのもの。企業姿勢を示すコーポレートメッセージであり、社訓や社是とも相通ずるものです。

シャープは1990年から約20年間にわたり『目の付けどころが、シャープでしょ。』というコピーを使っていました。創業者の早川徳次さんは『他社がまねするような商品をつくれ』という名言を残しており、事実、シャープはシャープペンシルやターンテーブル式電子レンジ、カメラ付き携帯電話など、個性豊かな製品を世に送り出してきました。例のコピーには同社のものづくりにかけるポリシーが見事に表現されています。

このようなコピーは「当社はこういう考え方で事業を展開しています」と顧客に伝えるだけでなく、社員や取引先に対する宣言でもあるので、勇気と覚悟が必要です。

たとえば、量販店のドン・キホーテは『驚安の殿堂』を掲げ、価格に敏感な顧客を強力に引き寄せています。社員は『驚安の殿堂』にふさわしい価格設定や商品構成を常に意識しますし、取引先も値引き不可の商品を売り込もうとはしないでしょう。

一方、あなたがお世話になった方への贈答品を買うときは包装紙にもこだわって店を選ぶと思います。バラの包装紙で知られる高島屋グループは経営理念『いつも、人から。』、企業メッセージ『〝変わらない〟のに、あたらしい。』を掲げます。『驚安の殿堂』ほど認知度は高くないですが、贈答品を扱う店にふさわしいコピーだと思いませんか。

自社のこだわりや企業姿勢を発信するコピーは、その考え方に共感する人を強く引き寄せる磁石であり、それ以外の人を遠ざけるバリアです。

これ、実はアイドルの戦略と似ています。

現代のアイドルはＳＮＳを使って自分の考えやプライベート写真を発信し、ファンを楽しませています。ファンはルックスに加えて、そのキャラクターにも惚れ込むからこそ一生懸命に応援します。

いうなれば支援者です。そこまでいけば、アイドルがお願いしなくてもグッズを買い、自発的にイベントを盛り上げ、周囲にもどんどん宣伝してくれます。

あなたの店にも、そんな熱烈なファンが増えたら心強いですよね。

まずは「こういう考えです」という姿勢を発信することから始めましょう。

本章では素晴らしいコピーの事例を紹介するので、参考にしてください。

ピエール・カルダン的、尖る生き方

モードの民主化を象徴するプレタポルテ（高級既製服）を積極展開し、デザイナーとして初のライセンスビジネスにも挑戦したフランスのファッションデザイナー、ピエール・カルダン。風船のようにふんわりと膨らんだバブル・ドレスや、ユニセックスで幾何学的なラインのコスモコール・ルックなど、前衛的なコレクションの数々を発表して、世間をあっと言わせてきました。

日本にもいち早く注目しており、一時期はライセンス商品の売り上げは相当なものだったと思います。また、中国やロシアで初めてファッションショーを開いたのも彼でした。

才能を発揮したのはファッションだけではありません。

パリの高級レストラン「マキシム」の経営と多店舗展開。スイスの自動車メーカー、スバッロの「スタッシュ」のデザイン。芸術的な家具「エヴォリューション」の発表。そして、南仏カンヌ近郊における円形劇場「パレ・ビュル（泡の城）」の建設……。すべてピエール・カルダンが手掛けた仕事です。

彼の半生を振り返ると、**あえて誰もやったことがない仕事ばかりを選んで挑戦してきたようにさえ見えます。当然、批判も多かったはずです。**

新作コレクションに対しては「はしたない」「こんな色使いで目がチカチカする」と言われたでしょうし、プレタポルテやライセンスビジネスで成功したときは「金儲けに走った」とやっかみの声が上がったでしょう。

それでもピエール・カルダンは己の道を走ることをやめませんでした。

『敵が多い、だから私は幸せだ』

１９８０年の広告に使用された名コピーです。作者はコピーライターの橋本恒夫さんですが、もともとはピエール・カルダン自身の発した言葉だったそうです。

ピエール・カルダンは何をするにも批判され、ときには邪魔されたのだと思いますが、決してめげることはありませんでした。世間に反発されるということは、世間を動かす刺激を与えていることに他ならないからです。社内では「もっと敵をつくれ」「それこそがデザインだ」と言っていたかもしれませんね。

己の主張を貫き、生き様を全うすれば、敵は増えます。しかし、熱狂的なファンも生まれます。敵が増えることを恐れて小さくまとまるのか、自分のこだわりを言葉にして周囲に伝えていくのか。それを決めるのは、みなさん自身です。
ちなみに、時代とともに嫌われる要素は変わります。ピエール・カルダンの前衛的なデザインやプレタポルテを中心とした事業展開は今では当たり前で、嫌われる要素にはなり得ません。嫌われ続けるためには、常に時代の感覚を持ち続けていなければならないのです。それがピエール・カルダンの生き様なのだと思います。あなたも、己の主張を貫いて挑戦を続けながら生きてみませんか？

熱狂的なファンのつくり方

あえて誰も手を出さなかったデザインに果敢に挑戦し続ける

セブン-イレブン、『いい気分♪ あいててよかった！』

『セブン-イレブン、いい気分♪』

このフレーズは歌わないで語る方が難しいほど、見事に音と調和しています。アメリカ版コピー『Oh Thank Heaven for Seven-Eleven』もHeavenで韻を踏んでいますが、日本版の方が、リズムが良くて心地いいと感じるのは贔屓目《ひいき》ではないでしょう。

ＣＭでは「～いい気分♪」のあとに「あいててよかった！」が入ります。１９７４年に日本第一号店を開いたセブン-イレブンの存在価値は、この一言に集約されていました。

当時の日本には朝から晩まで開いている店がありませんでした。店舗の大小にかかわらず、営業時間は朝10時から夕方7時ころまで。日曜定休の店も珍しくなく、急に何か必要なものがあっても、どうすることもできなかったのです。

しかし、時代は確実に変化していました。日本経済は高度経済成長と二度のオイルショックを乗り越えて新たなステージに突入しており、人々のライフスタイルは多様化の一途をたどっていました。１９７３年には大規模小売店舗法（大店法）が公布されるなど、小売業にも時代の波が押し寄せていたのです。

その波を見事手繰り寄せたのが当時、イトーヨーカ堂取締役だった鈴木敏文さんでした。イトーヨーカ堂も店舗網を拡大していた時期だけに、コンビニエンスストア業態を始めることへの反発も大きかったといいますが、これからの時代にコンビニは必要だと確信した鈴木さんは事業化を推し進めます。その判断が結果的にイトーヨーカ堂本体を支えることになるとは、当時の誰も想像していなかったでしょう。

1974年5月15日、東京・豊洲にセブン-イレブン第一号店がオープン。営業時間は朝7時から夜11時までで、しかも年中無休です。消費者はセブン-イレブンの登場により、電池や電球、不祝儀袋といった火急のアイテムだけでなく、牛乳やパン、菓子、タバコといった日常のものをいつでも手軽に買えるようになりました。

セブン-イレブンの功績は、日本でコンビニを普及させたことではありません。「朝早くや夜遅い時間帯は買い物ができない」というそれまでの常識を見事に覆し、流通・小売業の在り方そのものを変えたことです。その後も共同配送の実現や公共料金収受サービス、独自POSシステムによる発注システム高度化など、次々と流通・小売業にイノベーションを起こし、新しい常識をつくり上げてきました。

『セブン‐イレブン、いい気分♪　あいててよかった』

このコピーは顧客にとっての「いい気分」「よかった」を追求する企業姿勢を表していますが、鈴木さんたちの闘いの歴史を振り返ると**「セブン‐イレブンは常識だと思われていることでも、〝おかしい〟と思ったら、そのまま放置することはしません、あるべき姿に正していきます」という宣言のようにも見えてくるのです。**あなたも、世の中を変えるひと言をつくってみませんか？

熱狂的なファンのつくり方

新業態を日本で定着させたのみならず、物流、発注システムを常に進化させ続ける

『見るは大丸、買うはダイエー』

本項の見出しは言わずと知れたダイエー創業者である中内切さんが創業当時に書いたとされるコピーで、もう少し続きがあります。

『見るは大丸、買うはダイエー。

百貨店は歌舞伎座。ゆっくり商品を見る場所。

ダイエーはストリップ劇場。掛け値なしの裸の値段。

同じ品なら必ず安い。』

なかなか強烈ですよね。コピーに他社の名前を入れていますし、主婦向けのチラシでありながら比喩にストリップ劇場を持ってくるあたり、中内さんの非凡さが表れていると思います。

少し言葉を補うと、コピーはこんな意味になります。

「呉服店をルーツに持つ百貨店の大丸は商品を眺めるには良い店ですが、買い物をするならダイエーの方がいいですよ。百貨店は歌舞伎座みたいなもので、ゆっくり商品を見るのにふさわしい場所です。それに対して、ダイエーは余計な中間流通コストを省いて、裸の値段で提供しますから、同じ商品ならば百貨店よりもダイエーの方が絶対に安いです」

どうですか？　ダイエーで買いたくなったでしょうか。

実際、このコピーは大当たりしました。

注目すべきはメッセージ性の強さです。このころの女性たちにとっては買い物もひとつのエンターテイメントでした。その最高峰は百貨店で買い物することです。いつか私もと夢を膨らませる主婦に向けて、中内さんはこう語りかけました。

「百貨店は安売りしないですよ。見るだけにしませんか？」

現代はディスカウントも店舗の個性であり、同じ商品を買うなら価格が安い店を選ぶのが当たり前ですが、当時はそうではありませんでした。

「百貨店で売っているものは品質が良いから値段が高い」「安売り店で扱っているものは品質が悪い」という状況だったのです。

中内さんは価格差のロジックを分かりやすい単語で解説しつつ、こう畳みかけます。

「ダイエーなら百貨店と同じものが安く買えます！」

この言葉が大勢の主婦の心に刺さりました。「同じ商品でも、百貨店だと値段が高くて、ダイエーは安い」ということが刷り込まれたのです。さらに「ダイエーで買えば、少しずつ予算が浮くから、へそくりができる！」と思った主婦も多かったでしょう。かくして主婦がダイエーに殺到したのでした。

既存業界に真っ向からケンカを売った中内さんの強心臓には驚かされますが、「ここぞ！」というタイミングで、「これぞ！」というコピーを放ったのですから、やはり常人には考えられない一流の商売人の勘が働いたのだと思います。

みなさんはどうでしょう。

敵をつくってでも、伝えたいメッセージは持っていますか？

熱狂的なファンのつくり方
自社の値付けの比較対象として百貨店を明示し、安さのイメージを喚起させる

『遊べる本屋』ヴィレッジヴァンガード

書店とは、目的を持った人が買うべき本を探す場所です。そのため、売り場は誰でも探しやすいように分類されています。同じ飲食店を扱っている本でも、店そのものを紹介するガイドブックならば雑誌や旅行本のコーナーに、経営者の立志伝ならばビジネス書や自己啓発書のコーナーに、シェフ監修レシピ本ならば料理のコーナーに、それぞれ陳列されます。

店づくりで重要なのは探しやすさ。

しかし、ヴィレッジヴァンガードは書店のセオリーを完全に無視しました。

書籍も雑誌もマンガも一緒くたにされ、その合間を縫うように雑貨や駄菓子などがギュギュギューッと陳列。棚はまっすぐに並んでいない、通路の先は見えない、天井まで商品が積まれている、手描きPOPがそこら中に貼られている……。

まさにカオス。

でも、無秩序ではありません。それぞれのエリアにはサブカルチャーやホラー、キャラクター、ボードゲーム、ビューティーなどのテーマが、きちんと設定されています。

たとえば、お酒のコーナーには関連する雑誌や漫画が並びますが、ベストセラーもあれば、「こんな本があったのか！」と驚くようなマニアックな本もあります。棚にはビアグラスなどの酒器、コルクオープナーや製氷皿などの雑貨、お酒に合いそうなスナック菓子、日本酒のイラストをあしらったTシャツなども並べられ、片っ端から手に取ってみたくなります。これぞ編集の仕事だと思います。

スーパーマーケットではサンマの横に大根やポン酢を置いていますし、肉の売り場には焼き肉のタレが、それぞれありますよね。関連する商材を置いて購買を促すこの手法をクロスマーチャンダイジングと言います。成果を出せるかどうかは商品をいかに構成するか、そこが腕の見せどころです。ヴィレッジヴァンガードはクロスマーチャンダイジングの権化のような店です。彼らにはテーマごとに表現したい世界観がありますが、それを実現するには本だけでは足りないので、雑貨や菓子など関連する商材を集めて集中陳列しているのです。

そうやって構築したコーナーがいくつも連なった状態が『遊べる本屋』ヴィレッジヴァンガードです。**ほしい本を1分でも早く買いたい人には向きませんが、楽しく時間を過ごしたい人や面白い発見を期待する人には向いています。**かくいう私も、一度ヴィレッジヴァンガードに入ると、あっという間に時間が過ぎてしまいます。

ヴィレッジヴァンガードといえば手描きPOPが有名ですが、これも『遊べる本屋』というコピーから生まれたものかもしれません。

冒頭に述べたように、本来、書店は遊べる場所ではありません。まったく相反する言葉を組み合わせたコピーです。スタッフは『遊べる本屋』とは何かを日々考えたはずです。**仕入れにしても、陳列にしても、接客にしても『遊べる本屋』にふさわしいものであろうと意識したでしょう。それがPOPのエンターテイメント化につながったのだと思います。**

POPのセンスの良さを真似る店も少なくないようですが、表層のみをなぞって気の利く文言を並べても、大して効果が出ないだろうと思います。自分たちが店を通して表現したい世界はどのようなものか、今一度、考えてみましょう。

熱狂的なファンのつくり方

書店という業態にとらわれず、複合的な品揃えを前面に打ち出す

『初めての方にはお売りできません』。30代からの基礎化粧品、再春館製薬所

どれほど熱心なリピーターであっても、最初からそうだったわけではありません。誰しも必ず〝初めての利用〟があります。企業にとっては将来有望な顧客とのファーストタッチをいかに創造するかが非常に重要な課題となります。

それなのに再春館製薬所は大々的に『初めての方にはお売りできません』と宣言しています。このコピーには本当に驚かされました。

再春館製薬所は１９３２（昭和７）年の創業。当初より生薬や医薬品等を製造販売してきましたが、40年ほど前に通信販売チャネルを強化したのを機に飛躍的な成長を遂げました。２０１４年度の売り上げは２８８億円を誇ります。

同社の主力ブランドはドモホルンリンクルです。『30代からの年齢化粧品』というキャッチフレーズをご存知の方も多いでしょう。一般に化粧品はターゲットの年齢層を設定しているものですが、「30代から」と言い切り、かつ「年齢化粧品」と銘打っている例はほかにありません。

女性は年齢の話題に敏感なので、広告ではターゲットの年齢層に近い女優やタレントを起用し、やんわりと表現するケースの方が一般的です。『30代からの年齢化粧品』は再春館製薬所らしい潔い表現と言えます。

話は戻って、再春館製薬所はなぜ初めての人に売らないのか？

化粧品メーカーが最も恐れているのは顧客とのトラブルです。どれだけ人体に良い素材を使っても、トラブルをゼロにはできません。一定の割合でクレームが寄せられます。クレーム対応は労力を要する上に、ひとたびネガティブな情報が拡散すれば、世間の信頼回復には莫大な予算と膨大な時間がかかります。場合によっては会社存続の危機にさらされるのです。

そこで、再春館製薬所は顧客をフィルタリングする戦略を選びました。

顧客が初めに手にするのはミニサイズのサンプルです。中身は正規品と同じもの。それを実際に使用して、肌に合うと思った人にだけ、商品を買っていただこうというわけです。商品のクオリティに納得した上でお金を出すので、クレームのリスクを低減することができます。

『初めての方にはお売りできません』とは、

「初めての方には無料のサンプルをお試しいただきます」という意味なのです。

しかし、「お売りできません」と言い切るためには大変な勇気が必要だったと思います。そして、サンプル利用が商品購入に至る唯一のパス（経路）になりますから、無料サンプルの取り扱いには命をかけるくらいの覚悟をしたはずです。**再春館製薬所はそのことをテレビCMで宣言しています。あるCMでは無料サンプルの製造や販売もすべて社員の手で責任をもって行っていることを説いています。また別のCMでは製造工場のラインを毎日2時間停止し、丁寧にメンテナンスを行って品質の維持管理を徹底していることを紹介しています。**商品の良さをアピールするCMよりも、その企業姿勢を示すCMの方が印象に残る稀有な事例かもしれません。

あの逆説的なコピーは再春館製薬所の生き様そのものなのです。あなたも「宣言文」のようなワンフレーズ、考えてみましょう。

熱狂的なファンのつくり方

無料サンプルで自社に合う顧客のみにサービスを提供。熱心なリピーターを育てる

第4章

ターゲットで分ける

ガチガチ専門という生き方

「名は体を表す」と言います。名前はその人や物の実体を表しているという意味です。人名についてはともかく、店や商品・サービスの名前は是非ともそうあってほしい、いえ、そうあるべきだと思っています。

名前から「こういう店かな」「こんな商品だろう」と想像し、それを良いと思う顧客は選んでくれますし、必要だと思わない人は選びません。選んでほしい人に選ばれ、選んでほしくない人に選ばれない。そこに価値があります。第2章の視覚の話、第3章の言葉の話と、本質的にはまったく同じです。

では、どうしたら良い名前をつけることができるのか。

オススメは〝ターゲット〟をヒントにすることです。

ターゲットとは商品やサービスを届けたい相手のことですが、性別や年代などの属性で区切れるものではありません。

たとえば、育児用アイテムのターゲットをママの年代で区切ってはダメです。ママは10代から50代まで幅広く、20代や30代と書いた瞬間に多くのターゲットがこぼれることになり、年齢という要素が意味を成さなくなるからです。着目すべきはターゲットの抱えている課題です。「0歳児を持つママ」「初めての育児を頑張るママ」とすれば、その商品を使ってほしい相手に伝えることができます。

世の中には不便、不足、不快、不満、不器用など、たくさんの「不」があります。店でも、商品・サービスでも、開発の背景には「こう感じている人に利用してほしい」「こういうときに活用してほしい」という思いがありますよね。店や商品・サービスは「不」に悩まされている人や困っている人を助けるソリューションなのです。

よって、ターゲットは年齢等の属性ではなく、困っている中身でとらえるべきです。「不」を感じている人＝ターゲットが思わず「それ、私のことだ！」と言いたくなるネーミングが理想です。

第4章では6つの事例を取り上げています。「ダジャレ？」と突っ込みたくなるかもしれませんが、あなたがそう思うということは意味が伝わっているということ。わずか10文字にも満たない言葉で、それができるのはスゴイことなのです。

ガチガチ……というキーワードで、重度の肩こりの人だけを選ぶ

この文字を看板で見たその日に、そのマッサージ店へ行きました。

『ガチガチ専門』

なぜなら、私がガチガチだからです。

家庭用のマッサージ機ではまず歯が立たない。普通のマッサージ店でもなかなか納得いく施術に出合えない。血行が良くなって、ちょっとでも軽くなればラッキーです。

そんな私を満足させられるのか、半ば道場破りのような気持ちで、『ガチガチ専門』を訪ねたところ、これが良かった！

一般的なマッサージ店で、施術者から「力加減はいかがですか」と尋ねられたことはありませんか。そこで「もっと強く」と頼むとグイッと力を入れて押し、「もう少し優しく」というと力を抜いて施術します。つまり、力の強弱で調節しているのです。

しかし、『ガチガチ専門』ではこり固まった筋肉を「点の持続圧®」などの独自のテクニッ

クでほぐします。おそらく、「ここの筋肉が硬い場合にはここをこういう風に押す」というノウハウがあるのでしょう。力任せではないのに、しっかり芯に届くのです。

それ以来、何度も通っています。ガチガチに固まったふくらはぎを施術してもらったときは、あまりの激痛に、脂汗がダラダラと出るほどでした。でも、そのくらいでないと、私の場合は効きません。

施術後、担当者から「中山さん、痛かったでしょう。顔を見れば分かります。でも、やめてとは言わなかった。だから、最後まで続けました」と笑顔で言われました。

これまたありがたかった！

普通は顧客が苦悶の表情を見せれば、力を緩めるか、「大丈夫ですか？」と確認します。あとで揉み返しが起これば元も子もないですし、下手すれば「こりがひどくなった！」などとクレームに発展しかねません。普通の店は痛そうな顧客を放ってはおけないのです。

しかし、我々のようなガチガチ族に優しいマッサージは効きません。せっかくお金を出して施術を受けるのです。1時間の施術中に少々痛い思いをしても、そのあとが軽くなるなら痛みも我慢します。そのくらい、このガチガチを何とかしてほしい！

そんな心の叫びに応えることができるのは**『ガチガチ専門』が独自の卓越した技術力を持っ**

ているからです。しっかりとこりをほぐすことができるけれど、無駄な揉み返しを起こさない自信があるから、ガチガチが泣いて喜ぶ施術を提供できるのです。

もしも看板の文言がただの指圧やマッサージだったら、ここには来なかったと思います。『**ガチガチ専門』は重度のこりに悩まされている顧客だけを集めるキーワードなのです。**

あなたにはそのようなキーワード、ありますか？

熱狂的なファンのつくり方

ライバル店がひしめく中で、重度の肩こりの客に特化する

体脂肪が気になる人に！『ヘルシア緑茶』のターゲティング

痩せたい。

でも、食べたいし、飲みたい。

運動が良いのは分かるけど、面倒くさい……。

こんな風に思っている人は大勢いるのではないでしょうか。福々しいお腹をさすっては「この脂肪がどこかへ行ってくれたら」とつぶやき、体重計に何度も乗っては減らない体脂肪にため息をつく。

そう、痩せたいけど食べたい人たちの敵は体脂肪なのです。

花王の『ヘルシア緑茶』は２００３年に「体脂肪が気になる方に」というキャッチコピーでデビューした特定保健用食品（トクホ）です。当時はトクホ飲料が皆無に等しく、消費者には新鮮な驚きをもって迎えられました。

商品のターゲットは、痩せるために何かしないといけないことは重々分かっているけれど、

楽して痩せたい人たちです。彼らはまず「体脂肪が気になる方に」という直球の呼びかけに対して、「私のことだ！」と反応しました。そして「お茶を飲むだけ」という手軽さに心惹かれて商品を手にします。

『ヘルシア緑茶』は350ミリリットルの小型ペットボトルながら、1本180円（税別）と高めの価格設定です。一般的な茶飲料よりも少量かつ高額であることで、喉を潤すためだけでなく、特定の機能を持った飲料であることを印象づけます。

いざ飲んでみると、味は渋くて苦い。脂肪の分解と消費に働く酵素の活性を高める茶カテキンがたっぷり入っているため、一般的な茶飲料よりも味の個性が強いのです。しかし、ターゲットにとっては「良薬は口に苦し」。いつものお茶よりも渋くて苦いからこそ、効果がありそうな感じがします。

美味しいお茶をがぶがぶ飲みたい人に『ヘルシア緑茶』は向いていません。しかし、体脂肪が気になる人からは絶大なる支持を得ています。

このキャッチコピーは特定保健用食品（トクホ）だからこそ可能な表現です。トクホ認可を受けていない食品は効果効能を謳うことができません。実はヘルシアのトクホ認可は予定よりも遅れたそうです。当時は現在ほどトクホ市場が大きくなく、社内では「認可を受けずに発売しても良いのではないか」との意見も出ました。しかし、「トクホはヘルシアの命綱だ」として、発売を遅らせてでも認可を待つことを決断しました。

これが英断でした。ヘルシアは発売から15年を経た現在も、トクホ飲料市場のトップブランドであり続けています。**ターゲットにいかなる価値を提案するべきか、その真髄を追求して成功した好事例と言えるでしょう。**

あなたは、ターゲットが「私のことだ！」と心惹かれるフレーズを持っていますか？

熱狂的なファンのつくり方

渋くて苦い味。口当たりや味わいではなく、体脂肪を気にしている人だけをターゲットにする

大人数型学習塾のアンチを誘い込む、個別をもじった『城南コベッツ』

仕事や勉強がはかどる環境は人それぞれです。私の仕事部屋は本が山積み、趣味の小物があちこちに置かれ、壁面にはアイドルのカレンダーが7種類も並んでいます。整理整頓とは程遠いこの状態が私には心地よく、最も効率的に仕事ができる環境なのです。

勉強も同様で、人それぞれ成果の出せる環境は違います。生徒が大勢いる教室で講義を受ける方が向いている人もいれば、自宅で黙々と通信教育に取り組むのが好きな人、マンツーマンの家庭教師に教わりたい人もいるでしょう。

そうしたなかで、昨今シェアを広げたのが少人数を売りにした学習塾。**塾経営として考えれば、大勢の生徒を集めた大教室で講義する方が効率的です。**施設は広い部屋をいくつか用意すればいいし、講師も生徒数十人に対して1人で十分。経営効率が良ければ、生徒側が負担する授業料も安いので、保護者にとってもありがたいはずです。

しかし、時代のニーズはその逆です。少子化の影響で、保護者が子どもの個性に合った学習

環境を望む傾向が強まっています。それと同時に学習塾・予備校の競争は激化し、各社が個性を打ち出す必要性が出てきました。

『城南コベッツ』は城南進学研究社が経営する個別指導の学習塾です。伝統ある城南予備校のブランド力を生かしつつ、「個別→こべつ→コベッツ」で個別指導をしていることを表現したこの名前。リズムも良くて印象に残ります。

城南予備校ではいわゆるスクール形式で講義を行います。高校の授業と基本的な体制は変わりません。しかし、どうしてもスクール形式が合わない生徒がいます。マンツーマンないし少人数クラスであれば、生徒はその場で講師に質問できます。講義は生徒の学習の進捗に合わせて進むので、分からないことを分からないまま放置しません。そうやって自分のペースで学ぶ方が伸びる生徒がいるのです。

一昔前の個別指導は、いわゆる落ちこぼれの生徒・児童を対象にした塾がほとんどでした。そのころのイメージが強い世代にとって「個別指導塾」といえば、「志望校に合格するための塾」というよりも、「学校の勉強についていくための塾」のイメージが強いと思います。もしも『城南コベッツ』が「城南個別塾」や「城南個別指導塾」という名前だったとしたら、古いイメージがつきまとい、城南予備校よりも格下に映ったかもしれません。

しかし、いま個別指導を選ぶ理由は学校の勉強についていくためではなく、志望校に受かるためであり、潜在的な能力を引き出すためです。「スクール形式ではなく、個別だからこそ、うちの子を伸ばすことができるんだ」という積極的な理由で個別指導を選んでいます。

そのニーズに対して城南予備校は『コベッツ』という新しい響きの名前で応えようとしているのです。

ひと言で伝わるフレーズ、つくってみませんか？

熱狂的なファンのつくり方

従来の個別指導塾のイメージを覆し、志望校への入学熱意が高い家庭をターゲットにする

私らしい滞在型ホテルライフを提供する『マイステイズ』のセグメンテーション

一泊何万円もする海外資本のラグジュアリーホテルから、何かと便利なビジネスホテル、旅情をかき立てる温泉旅館、さらには最近流行りの民泊まで、宿泊施設にはさまざまな種類があります。

どのタイプが良いのかは、旅の目的や同行者によっても変わりますが、必ずしもフルサービスである必要はありません。

連泊の場合を考えてみましょう。着替えは、コインランドリーで洗濯できるとありがたいですよね。特に下着は滞在日数分を揃えるのも大変だし、汚れ物を溜め込むのもいい気分はしません。

また、荷物を広げたままにしたいので、毎日ベッドメイキングが入らない方が良い場合もあります。さらに、食事についても、外食が便利とは限りません。店を探すのが面倒だったり、疲れていて外に出るのも億劫だったり、自室で食べたいときもあります。部屋に電子レンジや調理器具があれば、簡単な食事をつくることができます。

サービスを受けるよりも、自分でやってしまう方が楽――そんな需要の掘り起こしに成功したのが滞在型ホテル『マイステイズ』です。館内には自分で洗濯するためのランドリールームがあり、アイロンの貸し出しサービスもあります。また、ミニキッチン完備の部屋には調理器具と食器が揃っています。

1泊からでも利用できますが、長期滞在の場合はよりメリットを実感できるでしょう。

たとえば、新規営業拠点の立ち上げで2週間ほど滞在するビジネスパーソン。関係先をあいさつ回りしたり、取引先と会食をしたり、スタッフの慰労会を開いたり、とにかく人と接する仕事なので、シャツや靴下などは清潔にしておきたい……。『マイステイズ』であれば、コインランドリーで洗濯できるので毎日洗い立てを身に着けられます。

あるいは、観光で来日したファミリー。小さな子どもを連れて三食ともレストランに行くのは正直言って大変だし、朝から遊んだ日は早く部屋に戻って子どもを休ませてあげたい……。『マイステイズ』なら、ミニキッチンで料理ができますから、レストランに行かない日は家族だけでのんびり食事をとることも可能です。

このように滞在する人はそれぞれが自分らしい時間を過ごせるのが『マイステイズ』の魅力

です。ホテルと自宅の中間くらい、まさに〝My〟Stays＝〝私の〟滞在なのです。**雰囲気や価格帯に特徴がある宿泊施設は多々ありますが、施設での過ごし方の自由度を打ち出す施設はこれまでありませんでした。**うまくニッチ（隙間）マーケットを見出し、絶妙なネーミングで訴求した『マイステイズ』。ほかの業界でもまだまだニッチは見つけられるかもしれません。あなたもぜひ探してみてください。

熱狂的なファンのつくり方

ランドリーや室内サービスを充実させ、長期滞在者の満足度を高めるホテル戦略

旅のお供に活気と賑わいと高揚感を求める粋筋のための店『駅弁屋 祭』

旅先に向かう乗り物の中でいただく食事は格別です。海外でも列車内や駅売店で軽食類を売っていますが、日本ほど地域の特色を生かした駅弁が多種多様な国はほかにありません。

私が気に入ってよく買っているのが「えび千両ちらし」です。蓋を開けると、厚焼きタマゴがびっしりと敷き詰められ、淡い桃色のエビそぼろが彩りを添えます。タマゴの下には蒸しエビに塩イカ、酢〆のコハダやウナギ蒲焼がずらり。食感も味付けも違う具材はとにかく楽しいです。甘辛いかんぴょうを混ぜ込んだ新潟米のすし飯と、おぼろ昆布が個性豊かなトッピングを優しくまとめています。

「えび千両ちらし」はJR東日本管内の駅売店等で購入できますが、もし機会があれば、東京駅中央コンコースにある『駅弁屋 祭』に行ってみてください。

『駅弁屋 祭』は「毎日が駅弁祭り」（公式サイトより）と銘打つにふさわしい店です。店頭には赤と白の提灯がずらりと並び、木製の山車を模したコーナーでは実演販売などを行い、賑わいと活気を演出しています。

店内ショーケースには日本全国から取り寄せた人気の駅弁が勢揃いし、その品数はおそらく駅弁を扱う店の中でもトップクラスでしょう。駅弁売り場、ではなくもはや店です。どの地域から、どんな弁当が発売されているのか、見て回るだけでも楽しめます。**この店で選び、買うことが既にエンターテイメントなのです。**

それゆえ、通路は常にキャリーケースや土産物を持った旅行者でごった返しています。東京駅にはほかにも駅弁を買える店がたくさんありますから、先を急いでいる人はここに立ち寄りません。取り急ぎ空腹を満たしたい人、乗車予定の電車まで時間がない人は、祭の喧騒を避けて、行列の少ない売店やコンビニで買っています。

『駅弁屋　祭』に集まるのは、駅弁を食べることを楽しみたい人と、駅弁を選んで買うプロセスを楽しみたい人です。私のように、買う駅弁が決まっていても、なんとなく店を覗いている人も少なくないでしょう。**駅弁を探しているというよりも、祭に参加している気分なのです。**

『駅弁屋　祭』は夜になっても混んでいます。出張や旅行の帰りに自宅の夕食用として駅弁を買っているという話をよく聞きますし、近傍で働いている人たちが仕事帰りに買うケースもあるようです。

ただし、この店、常に祭の活気に満ちているので、ぼんやりとショーケースを眺めている暇はないかもしれません。店内用かごを持って、家族や友達の弁当をまとめて買い込む人もいますから、気になるお弁当が残りわずかな場合にはウカウカしていると買いそびれてしまいます。ご注意ください。あなたも、ワクワクさせるひと言、見つけませんか？

熱狂的なファンのつくり方

圧倒的な品揃えで駅弁購入者の満足度を高め、他の店と差別化する

若い女性の支持を集める缶チューハイ『ほろよい』の柔らかなネーミング力

缶チューハイ市場が誕生したのは30年以上前のことです。当初は居酒屋のチューハイと同様、焼酎ベースの商品が多かったのですが、近年はウォッカなどを使ってアルコール度数を7％から9％程度に高めたストロング系が人気を集めています。メインターゲットは30代から40代の男性。ガツンとした飲みごたえを好む人たちです。

一方、ストロング系とは対極にある低アルコール系の缶チューハイ市場も、存在感を発揮しています。ストロング系はレモンやグレープフルーツなどさっぱりした味わいのものが人気ですが、低アルコール系はリンゴやブドウなど果実感を生かした商品が多く見受けられます。アルコール度数は5％未満で、20代の若者などから人気を集めています。

低アルコール系を選ぶ理由は、ズバリ酔っぱらいたくないからです。「お酒が強くないことを自覚している」「自分の適量がよく分からない」「駅で倒れているサラリーマンのような醜態をさらしたくない」など、事情はそれぞれあるようです。

酔いたくないのなら、ジュースを飲めばいいのでは、と思いますよね。でも、やっぱりお酒を飲む理由があります。

「ジュースとは違う美味しさがある」

「少し酔っぱらう感覚は心地よいと思う」

「晩酌に付き合うと父も喜んでくれるし、私も楽しい」

と、こちらも人それぞれです。

低アルコール系の缶チューハイはお酒を飲み始める年代に人気を博していることから、飲料メーカー各社は将来の顧客開拓の意味合いもあって、さまざまな商品を投入しています。

そのなかでも若い女性に圧倒的な支持を得ているのがサントリー『ほろよい』です。「自宅ではどんなお酒を飲みますか」との質問を投げかけると、「ビール」「ワイン」「缶チューハイ」などジャンルを挙げる人が多いのですが、低アルコール系を好む若い女性には『ほろよい』と商品名を挙げる人が圧倒的でした。

女性の支持を集めた背景には、商品力もさることながら、名前のインパクトもあったと推察されます。**競合他社の製品は「チューハイ」「サワー」「果実」など、商品の中身を表現する単語を商品名に含んでいますが、『ほろよい』は中身を一切説明していません。低アルコール系**

チューハイに対して期待する感覚がそのまま商品名になっています。理屈ではなく、感覚や感性に訴えるからこそ「私が求めているのはこれ！」と思えてくるのです。

しかも、「ほろ酔い」ではなく「ほろよい」と表記したところが秀逸。平仮名ならではの柔らかさや可愛らしさが感じられ、若い女性が注目するのも納得です。

今、さまざまな物事が二極化傾向にあります。多くの人に受け入れられそうな中庸な商品やサービスはもはや誰の心にも響きません。どんなターゲットに届けたい商品なのか。**簡潔に言い表せる名前をつけることができたら、その商品・サービスの未来はきっと明るいのではないでしょうか。**

熱狂的なファンのつくり方

商品特性などの理屈ではなく、「飲んでみたい」という感性に訴える

第5章

地名で分ける

大分郷土料理、
〝どど〟の生き方

誰にでも一つや二つ、思い入れのある土地があると思います。

生まれ故郷かもしれませんし、思い出深い旅行先かもしれません。映画やドラマで観て印象的だった場所や、大切な人の出身地というケースもあるでしょう。

あまり親しくない相手との会話で、「実は出身地が同じだった」「好きな旅行先が一緒だった」などの共通項が判明すると、話題は一気にふくらみます。どんどん話が盛り上がって、仕事の受発注につながったと、いう話もよく耳にします。

この場合、共通項はピンポイントであるほど効果があります。九州出身よりは同じ県の出身の方が身近な感じがするし、県どころか市町村まで同じだと、ちょっとした運命を感じそうです。しかも、好きなパン屋さんが同じとなれば、もはやファミリーです！

社会のグローバル化が進み、インターネットやSNSなどコミュニケーションの在り様が変わるなかで、リアルな場を共有する価値はますます高まっています。共通の地名で語り合えるということはリアルの場を共有した証であり、それ自体が強力な引き寄せ効果を持っているのです。

地名は、また独自のイメージもまとっています。

「北海道」と聞いて、みなさんなら何を想起しますか。広い、雪まつり、寒そう、キタキツネ、動物園、カニ、牛乳、ジャガイモ……、さまざまなイメージがあると思います。自分が持っているイメージとぴったり合えば、「それそれ！」「あとは、あれも！」と大盛り上がりです。

また、イメージと違うものが組み合わさっていると違和感を覚えて、違った意味で引き寄せられるものです。「博多名物てんぷらうどん」と言われたら気になりませんか？

博多といえば、とんこつラーメンが有名ですが、地元の人たちにはてんぷらうどん派が多いのです。しかも、このてんぷらうどんが個性的。ラーメンはバリカタや粉落としに象徴される硬麺が主流ですが、うどんはスープとの馴染みが良い、もちもちとした柔らかな食感が好まれます。トッピングのてんぷらはエビや野菜がサクサク衣をまとっているアレではありません。一般にはさつま揚げと呼ばれている、練り物の薄い揚げ物です。丸天とも呼ばれています。

ことほどさように、地名は実に奥深い単語です。

本章では地名の豊かなイメージを見事に取り入れ、その地を愛する人たちを強烈に惹きつけることに成功している事例と、一般的なイメージとのギャップを上手に演出している事例の2タイプを紹介します。

大分人が集まり、大分人が創る郷土料理店『とど』

『とど』は東京・赤坂見附にある、大分の郷土料理を提供する小料理屋です。ママは大分県の出身。

郷土への思い入れはもちろん理解できますが、商売としては九州料理とする方が安全なように思えます。**九州の総人口が約１３００万人であるのに対して、大分県は１１７万人。**

地域を絞り込むことで、対象が10分の1以下に減ってしまいそうです。間口は広く、と考える方が普通ですから、大分の郷土料理を掲げることはさぞかし勇気が必要だったと思います。

しかし、この絞り込みこそ勝因でした。

熊本県出身や鹿児島県出身の人が故郷の味を食べたいと思ったとき、九州料理の店に行くでしょうか。ラーメンひとつをとってみても、地域によってスープの取り方や麺の太さ、具材などに特色があります。「九州の郷土料理」とざっくり一括りにされると、期待する味わいからほど遠くなってしまうのです。

『とど』は明白に大分を謳い、大分の味を知る人たちが納得する料理を提供してきたことで、人気を集めました。おそらく最初から通好みの店を狙ったのではなく、ママが慣れ親しんだ故郷の味わいを提供するうちに、大分県出身者や大分県にゆかりのある人たちが集まってきたのだと思います。そして、「こういう料理はできない？」「あれが食べたいなあ」というリクエストに応えていくうちに、メニューが充実していきました。

大分県は陸海どちらの食材にも恵まれ、さまざまな郷土料理があります。

特に有名な食材は関サバ、関アジでしょう。『とど』では現地から鮮魚や食材を取り寄せています。お刺身でもいただけますが、味噌や薬味、ゴマなどであえた郷土料理「りゅうきゅう」がオススメです。大分県のお酒ともぴったり合います。

自家製の「さつま揚げ」も人気メニューです。新鮮な白身の魚を練り上げ、そこに野菜や海産物などさまざまな食材を混ぜ込んで、からりと揚げます。市販のさつま揚げとは比べ物にならないほどに美味しく、想像以上に種類が豊富で目にも楽しいお料理です。

また、あっさりとした鶏肉をてんぷらのように揚げた「とり天」、小麦粉を練って平麺のように伸ばして野菜と共に煮込んだ「だんご汁」、小麦粉の練り物に甘いきなこをかけていただくデザート「やせうま」なども、大分の郷土料理です。

いずれも素朴な味わいでホッとします。

大分にこだわったことで、大分の味を愛するファンが集うようになった名店『とど』。長らく新宿の花園神社に近い場所で営業していたのですが、先ごろ、赤坂見附に移転しました。新天地でも大分好きを喜ばせていることでしょう。あなたも「こだわりの地名」で地元を愛する人を集めてみませんか？

熱狂的なファンのつくり方

「九州」ではなく「大分の料理」という打ち出しで、大分の味を知る人を満足させる

歌舞伎町案内人、李小牧の店『湖南菜館』

みなさんは中国の湖南料理を食べたことはありますか。

日本ではあまり馴染みがないので、知らない人が多いかもしれませんね。**湖南料理のふるさと、湖南省は中国中部に位置します。**洞庭湖という大きな湖の南側にあることから、その名がつけられました。かの毛沢東の出身地としても有名です。**湖南料理は中国八大料理の一つであり、毛沢東がこよなく愛した料理でもあるそうです。**

気になるその味は辛い!!

辛い中華というと、四川料理が想起されます。四川省は湖南省の西側に位置。こちらは唐辛子と花椒《ホアジャオ》の痺れるような辛さが特徴で、代表的な料理である麻婆豆腐にはたっぷりと花椒が入っています。

湖南料理はその四川料理を上回って、中国で一番辛い料理と言われています。ただ辛いだけではなく、酸味のある味付けが特徴。漢方も取り入れており、「鮮香辣」（胃の中が熱くなる酸味と辛さ）なのだそうです。

日本で本格的な湖南料理を食べられる店は数えるほどしかありません。

そのひとつが新宿の歌舞伎町にある『湖南菜館』。

この店は〝歌舞伎町案内人〟として知られる李小牧さんがプロデュースした店です。李さんは湖南省の出身で、バレエダンサーや文芸誌記者として活躍したのち、1988年に留学生として来日し、歌舞伎町界隈でガイド業に従事しました。歌舞伎町にはご存知の通り、中華系の人が大勢いますが、トラブルも時々起こります。李さんを頼って来日した人たちのために、身体を張って渡り合ったこともあったようです。その経験を生かして李さんは『新宿歌舞伎町アンダーワールドガイド』など数々の著書を出しています。

歌舞伎町を隅々まで知り抜いた李さんが2007年につくった店が『湖南菜館』。字面から中華料理の一種と想像はできるのですが、最初から湖南料理を分かった上で入店する日本人はほとんどいなかったはずです。

看板に目を留め、店頭でメニューを確認し、「どうやら辛い中華料理らしい、ひとまず試してみよう」という感じだったと思います。で、食べてみると、辛い。想像以上に辛い。めちゃくちゃ辛い。

でも、味わい深くてクセになる。これは誰かに言いたい！　そう思う人が多かったのではないでしょうか。

このあたりのバランスが『湖南菜館』は絶妙でした。中華料理の一種だろうけど、詳しいことは知らない。分かるようで分からない。だから、ナニモノかが分かると人に話したくなる。

「中華で一番辛い料理、知っている？　四川じゃなく、湖南料理なんだってさ」

どうですか。

みなさんも湖南料理を試してみたくなったでしょう？　これが地名の威力です。

熱狂的なファンのつくり方

湖南料理＝中国で一番辛いという特徴を前面に打ち出し、辛いもの好きを呼ぶ

ロースト法にこだわった『ヨーロピアン珈琲』

ブラジル、ベトナム、コロンビア、グアテマラ、エチオピア、ジャマイカ……。これらコーヒー豆の産地は赤道付近に点在し、赤道南北25度のエリアをコーヒーベルトと呼びます。熱帯植物であるコーヒーは暑い地域が栽培適地ではありますが、平均気温が低くても高すぎても、降雨量が多すぎても少なすぎても、うまく育ちません。コーヒーは赤道直下のエリアのなかでも気温や降雨量などの条件が揃った高地で栽培されています。

ところで、『ヨーロピアン珈琲』という言葉も聞いたことがありますよね。缶コーヒーの人気ブランド「ジョージア」はヨーロピアンシリーズで大々的にキャンペーンを展開していたり、コーヒーショップやコーヒー豆販売店でも「ヨーロピアン」「ヨーロッパ」の名をつけたアイテムを扱っていて、ひとつのジャンルとして確立しています。

この、〝ヨーロピアン〟という言葉が何を指しているのか、きちんと説明はできますか？

私は最初に『ヨーロピアン珈琲』と聞いたとき、何とも言えない違和感を覚えました。コーヒーは南米やアフリカのイメージなのに、寒く乾燥しているヨーロッパとはどういうことなのだろうと、疑問が湧いたのです。

調べてみると、『ヨーロピアン珈琲』とは、コクと深みのある味わいになるように焙煎、ブレンドしたコーヒーを指すようです。ヨーロッパには、豆の素材感を味わえるフレンチプレス方式や、イタリア料理を締めくくるエスプレッソなどもあり、もともと深みのある味わいのコーヒーを好む傾向にあります。飲みやすいように焙煎、ブレンドしたアメリカンコーヒーは対極にあたりますね。

もうひとつ事例を紹介しましょう。

『欧風カレー』は小麦粉を炒めてとろみをつけたルーのなめらかな触感と、程よくスパイスの効いた上品な味わいが特徴のカレーですが、カレーといえば本場はインド。欧風カレーも、ヨーロピアン珈琲と同じく、ちょっとした違和感を抱く言葉です。

しかも、欧風カレーはヨーロッパ生まれの料理でもありませんでした。ルーのつくり方などに西洋料理の手法が使われてはいますが、欧風カレーは日本人の口に合うように開発された日本生まれのカレーなのです。

インドもヨーロッパも関係ないこの料理が長らく日本で愛されているのは、ネーミングの妙かもしれません。「欧風」という言葉にはヨーロッパの上流階級への憧憬がにじみ、カレーながら上品なイメージが感じられます。もしも日本式カレーや洋風カレーと命名されていたら、レシピがどんどん庶民化したかもしれません。

お店や商品の名前には、地名が持つイメージを上手に取り入れている事例がたくさんあります。あなたも「おや？」と思わせる地名を、考えてみては？

熱狂的なファンのつくり方

産地・味わいなどではなく、ヨーロッパ＝上品なイメージで手に取ってもらう

北海道では大雑把すぎる！『はこだて鮨金総本店』の繊細な誘惑

北海道渡島半島に位置する函館市は、太平洋、日本海、津軽海峡に囲まれて、漁業が盛んな土地です。スルメイカやコンブ、マグロは全国でもトップクラスの水揚げ量を誇り、ホッケやタラ、タコ、ウニなども豊富に獲れます。函館には美味しいものがたくさんある街というイメージがあるのではないでしょうか。

そんな函館の味を東京でも楽しむことができます。『はこだて鮨金総本店 東京銀座店』です。

函館の本店は１９６０年の創業です。港に揚がったばかりの鮮魚を目利きで仕入れて、それぞれに最適な下ごしらえを施し、注文を受けると、熟練の職人が最後のひと手間をかけて提供。地元で知らない人はいない有名店です。

東京でも函館と変わらない価値を提供しているのが『鮨金』のすごいところです。

ネタは函館から東京銀座へ接空輸。中央市場を介さずに仕入れているので、タイムラグがなく、函館の店と同様の鮮度で提供できます。たとえば、ホッケやニシンなど足の早い魚は産地から離れると、生で提供できないのですが、東京銀座店では食べることができます。

それゆえに、東京銀座店の営業は夜のみ。空輸で届くネタをその日に使うので、ランチには間に合わないのです。

また、職人が函館と東京を行き来するのも『鮨金』のこだわりです。職人との会話は、カウンターで鮨をいただく醍醐味のひとつ。函館から来た職人は「今年の函館はこういう気候だから、例年よりも美味しい」「この間、漁師がこういう話をしていた」などの情報をもたらしてくれます。函館出身の人や函館に詳しい人であれば、鮨以外の地域情報でも盛り上がることでしょう。

一方、職人も東京に来ることで、食のトレンド情報を得られたり、繁盛している店を視察できたり、さまざまなメリットがあると考えられます。人と情報が行き交うことが、店の持続的な発展につながっているのです。

北海道はそもそも食の宝庫というイメージがあり、看板に「北海道」を掲げる店は多いです。しかし、北海道は九州の面積の約2倍と広大。海岸部と内陸部ではそもそも扱える食材が異なり、海岸部でも日本海側の漁港と太平洋の漁港では獲れる魚が違います。3つの海に囲まれている函館は、北海道のなかでも稀有な存在だと言えます。**店名で地元へのこだわりを打ち出し、店内では函館の鮮魚と函館の話題でおもてなし。**函館に行ったことがなくても、思わず函館ファンになってしまいそうですよね。そんな店のこだわりに惚れ込むからこそ、客は足を運ぶのです。このように地名には、お客さまを呼ぶ吸引力があるのです。

熱狂的なファンのつくり方

食材、職人、地元の情報。徹底的に「函館」をつきつめることでファンを満足させる

『伯方の塩』は博多にあらず。愛媛が生んだ奇跡の塩

料理が好きな人なら、塩にもこだわりがあるのではないでしょうか。味わいや素材感が異なる塩を複数使い分けている人も多いと思います。

国産の塩のなかでも『伯方《はかた》の塩』はちょっと特別な存在です。

商品名の「伯方」を九州の博多の異字だと思っている人は意外に多いのではないでしょうか。正解は、瀬戸内海に浮かぶ愛媛県の伯方島。ここでは弥生時代の製塩土器が出土しているそうで、古くから製塩業を営んでいる場所でした。

1971年、塩業近代化臨時措置法という法律が施行されます。当時は塩が専売品。国は塩をイオン交換膜製塩法で生産し、伝統的な塩田を廃止することを決めたのです。イオン交換膜製塩法で製造した塩はサラサラと扱いやすく、安価で安定供給できるのがメリットです。しかし、塩化ナトリウム含有率99％以上。自然のミネラル分が豊富に含まれる従来の塩とは成分が違います。

郵便はがき

おそれいりますが
62円切手を
お貼りください。

1028641

東京都千代田区平河町2-16-1
平河町森タワー13階

プレジデント社

書籍編集部 行

フリガナ		生年（西暦） 年	
氏　　名		男・女	歳
住　　所	〒 TEL　　（　　）		
メールアドレス			
職業または学校名			

ご記入いただいた個人情報につきましては、アンケート集計、事務連絡や弊社サービスに関するお知らせに利用させていただきます。法令に基づく場合を除き、ご本人の同意を得ることなく他に利用または提供することはありません。個人情報の開示・訂正・削除等についてはお客様相談窓口までお問い合わせください。以上にご同意の上、ご送付ください。
<お客様相談窓口>経営企画本部 TEL03-3237-3731
株式会社プレジデント社　個人情報保護管理者　経営企画本部長

この度はご購読ありがとうございます。アンケートにご協力ください。

本のタイトル

●ご購入のきっかけは何ですか?(○をお付けください。複数回答可)

1 タイトル　2 著者　3 内容・テーマ　4 帯のコピー
5 デザイン　6 人の勧め　7 インターネット
8 新聞・雑誌の広告（紙・誌名　　　　　　　　　）
9 新聞・雑誌の書評や記事（紙・誌名　　　　　　）
10 その他(　　　　　　　　　　　　　　　　　　)

●本書を購入した書店をお教えください。

書店名／　　　　　　　　　　（所在地　　　　　　）

●本書のご感想やご意見をお聞かせください。

●最近面白かった本、あるいは座右の一冊があればお教えください。

●今後お読みになりたいテーマや著者など、自由にお書きください。

どうもありがとうございました。

そんな塩では味わいも違うし、健康に良いはずがない——危機感にも似た思いで、愛媛県松山市の有志が立ち上がりました。

県内には古くから多数の塩田がありましたが、時代の流れとともに非効率の塩田が閉鎖され、伯方島には県内最後の流下式塩田が残されていました。有志一同は伯方島の流下式塩田を残すことを目指して、自然塩存続運動を起こし、5万人もの署名を集めます。そして、1973年には特殊用塩の生産認可を勝ち取りました。

活動の中心を担ってきたメンバーは同年、伯方塩業株式会社を設立し、伯方島で特殊用塩の生産を開始します。社名に伯方の文字を入れ、**商品名『伯方の塩』の商標を登録したのは、伯方が自然塩存続運動および新会社の活動のシンボルだったからです。四国でも愛媛でも瀬戸内でもなく、伯方でなければ意味がないのです。**

塩の専売制度は1997年に廃止されました。現在は販売自由化によって、国内外の多種多様な塩が流通しています。産地を商品名にしているものも多いですが、『伯方の塩』は単に産地をアピールしているのではありません。その名は日本の塩づくりの歴史であり、塩づくりに命をかけてきた人々の思いが込められているのです。

先人の情熱は現代にも引き継がれ、同社は2010年、塩田製塩の技術継承のために「流下式枝条架併用塩田」を再現しました。この塩田でつくられた塩の商品名は「されど塩」。塩はありふれた調味料ではあるけれど、人間が生きる上で欠かせないものでもあります。たかが塩、されど塩。この商品名もまた同社の生き様を表しているようです。あなたも「地名」でこだわりを伝えてみては？

熱狂的なファンのつくり方

「愛媛、瀬戸内海の島の名前を打ち出すことで、他の産地の塩と差別化する」

地名を言わずに立地を表現する稀有な存在『美ら海水族館』

『美《ちゅ》ら海水族館』。

　この名前の何がすごいって、地名を言わずして立地が伝わることです。

　正式名称は『沖縄美ら海水族館』ですが、地名を省略しても、まったく問題はありません。日本全国に膨大な数の水族館や類似施設があるなかで、これほど地域との結びつきが強く、高い知名度を誇る水族館はほかにないのではないでしょうか。

　最初に水族館を開業したのは１９７９年のことでした。１９７５年に沖縄本土復帰記念事業の一環として開催された沖縄国際海洋博覧会の資産を生かして施設が造られたのです。しかし、時代とともに入場者数は年々減少。老朽化した施設の建て直しも必要だったことから、一旦閉館して新しい施設を建て、２００２年にリニューアルオープンを果たします。

　このときに『美ら海水族館』という名前がつけられました。

「美ら（ちゅら）」とは沖縄の方言で、「美しい」「キレイ」という意味。私たちが沖縄の海に

対して期待するイメージにぴったりですし、沖縄特有の言葉の響きには心地よいゆらぎがあり、癒しや浄化といったイメージも湧いてきます。

しかも、このころは空前の沖縄ブーム。1990年代から沖縄出身のアイドルやプロスポーツ選手が活躍。2000年には沖縄サミットが開かれ、それに合わせて首里城をモチーフにした2000円紙幣が発行。翌年にはNHKの朝ドラ「ちゅらさん」が大ヒット。沖縄出身のバンドやタレント、沖縄県民の健康長寿食なども話題に。こうした一連のムーブメントの後押しもあって「美ら海」という方言を使った名称は一気に浸透しました。

施設の目玉は「黒潮の海」と呼ばれる7500立方メートルの巨大水槽。ここではジンベエザメの複数飼育に成功しており、謎の多い生態などについての研究が進められています。また、ナンヨウマンタの繁殖に世界で初めて成功したり、長い年月をかけてサンゴを育てたり、沖縄ならではの特色を生かした展示が注目されています。

このような施設側の努力もあって、入場者数は着実に増えていき、現在は国内水族館としてトップの入場者数を誇ります。

方言をうまく取り入れた商品名には、ハウス食品のインスタントラーメン『うまかっちゃん』（九州）や『好きやねん』（近畿・中四国）、栗山米菓の米菓『ばかうけ』（新潟）などがあるほか、交通系のカードでも『ＩＣＯＣＡ』（ＪＲ西日本）、『ＳＵＧＯＣＡ』（ＪＲ九州）、『はやかけん』（福岡市交通局）などが方言に由来しています。その言葉を知っている人にとっては馴染みが良い名前として受け止められるでしょうし、言葉を知らない場合でも、商品を好きになれば、その方言が生まれた地域に親しみを持つかもしれません。

ゆかりの地域の言葉はネーミングのヒントになりそうですね。

熱狂的なファンのつくり方

方言を水族館の名称に取り入れることで、イメージを喚起させる

第6章

キャッチフレーズで分ける

理系ミステリー、森博嗣の生き方

INTRODUCTION

商品やサービスのキャッチフレーズ、みなさんは上手に使っているでしょうか。キャッチフレーズとは、お客さまの興味や関心をつかむためのフレーズです。奇をてらったり、凝った言い回しを選んだりしても、ターゲットの心に響かなければ意味がありません。

では、どうしたら興味関心を引くキャッチフレーズをつくることができるのか。

方法はふたつです。

ひとつは商品、サービスの特徴を伝えること。サイズや仕様などの解説ではなく、オンリーワンの特徴を明快に記すのです。万人受けする必要はありません。「これはすごい！　絶対にほしい」と思った人が熱狂的なファンになってくれればよいのです。

江崎グリコのレトルトカレー「ＬＥＥ」シリーズは、辛さの表記が『辛さ×10倍』『辛さ×20倍』『辛さ×30倍』となっています。それぞれが「甘口／中辛／辛口」に相当するのですが、実際には甘口のカレーはラインナップになく、最低でも10倍の辛さなので、辛いモノが苦手な人は選びません。

一方、辛いモノが好きな人は、どのくらい辛いのか試したくなります。当然、30倍にも挑戦したくなるでしょう。ＬＥＥシリーズはこの辛さの表記が商品の特徴を最も表すキャッチフレーズのように伝わり、発売30年超のロングラン商品として今も辛いモノ好きに愛されています。

ちょっと変わったところでは、浜松の春華堂による『夜のお菓子』うなぎパイ。うなぎパイが誕生したのは高度経済成長期でした。誰もが忙しい時代でしたから、春華堂は「夜くらい家族団らんを楽しんでほしい」と願い、このキャッチフレーズをつけましたが、多くの消費者は「夜」「うなぎ」という単語から精力増強をイメージし、色っぽい意味合いで受け止めました。

ただ、この勘違いは商品の未来を大きく変えました。発売当初、うなぎパイは売れ行きが芳しくなく、早々にパッケージの改良が検討されます。初期はメインカラーが青色だったそうですが、消費者が精力増強のイメージを持っていることから、マムシドリンクを参考に、現在の赤色と黄色というカラーリングにしたのだそうです。

図らずも、夜のお菓子というキャッチフレーズと、パッケージデザインと、商品コンセプトが見事に融合。発売から半世紀以上が過ぎても定番土産として人気を博しています。

もうひとつは新しい需要の掘り起こし、啓蒙型のフレーズです。

世の中にはたくさんの思い込みが転がっています。本当は不都合や不便さを感じていても、それを解決する方法がない場合は「これはこういうもの」「これが普通、当たり前」だと割り切っているわけです。やがて、不都合や不便さを感じていることさえも忘れてしまう。しかし、その状況を打開すると、まったく新しい世界が開けます。

たとえば、英国の家電メーカー、ダイソンの『吸引力の変わらない、ただひとつの掃除機。』は、知らない人がいないほど有名なキャッチフレーズです。掃除機は使用するうちに目詰まりを起こして吸引力が低下しますが、どの掃除機もそうだったので「寿命」として片付けられていました。さして問題意識もなかったかもしれません。

それをダイソンは指摘し、当社は独自のテクノロジーでその悩みを解決しますよ、と呼びかけたのです。一時的な吸引力だけが掃除機の価値ではありません。使用を続けても変わらないパワフルさ（吸引力の強さ）、軽量、小回りが利くといった使い勝手の良さも重要です。ダイソンのコピーは市場に大きなインパクトを与え、その後、類似のコンセプトの製品がいくつも登場しています。

本章では尖った特徴のフレーズで一部のファンを熱狂させている事例と、常識を覆すフレーズで新ジャンルを開拓した事例をご紹介します。

『理系ミステリー』森博嗣は、なぜベストセラー作家になれたのか？

１９９６年のデビューから今日に至るまで第一線を走り続けている作家、森博嗣さん。当初は国立大学工学部の教員でもあり、その合間にハイペースな創作活動を続けていましたが、現在は小説家一本です。

森さんの代表作は第一回メフィスト賞に輝いたデビュー作「すべてがFになる」。国立大学工学部建築学科助教授の犀川創平と、犀川の恩師の娘であり建築学科の学生である西之園萌絵が、天才プログラマーと対峙しながら、孤島の密室殺人事件を解くミステリーです。

主人公コンビをはじめ主要人物の大半がいわゆる理系で、コンピュータや建築の専門用語なども出てきますが、ストーリーそのものは難解なわけではありません。むしろ、心理描写や状況説明が簡潔明快で、サクサクと読み進めていけます。

実は、森さんの処女作は「すべてがFになる」ではなく「冷たい密室と博士たち」だったと言われています。この作品も犀川と萌絵が登場するミステリーで、投稿先は講談社の文芸誌

「メフィスト」でした。

そのころメフィスト編集部では賞創設の準備中で、「冷たい密室と博士たち」を読んだ編集者は早速コンタクトをとります。森さんは既に複数の作品を書き上げており、そのなかからデビュー作かつ第一回受賞作にふさわしい作品として、「すべてがFになる」が選ばれた、というわけです。

華々しいデビューから19年が過ぎた２０１５年秋、森さんは新書「作家の収支」で収支を明らかにしています。

一番売れたデビュー作「すべてがFになる」は累計78万部、総発行部数１４００万部、総収入15億円だそうです。ご本人はミリオンセラーがないなど冷静に分析していますが、この数字は紛う方なき人気作家の証です。

なぜここまで人気が出たのか。

それは**『理系ミステリー』というキャッチフレーズが付与されたからではないでしょうか。普通に考えれば「密室ミステリー」「本格ミステリー」となりそうですが、編集部ではそれを選びませんでした。**

「理系」の文字を見ると、「興味ない」「本を読むときまで数字のことを考えたくない」と思う人がいるはずです。理系・文系で二分する考え方は日本特有のもので、おそらく文系を自称する人の方がより強く、理系との違いを敏感に受け止めています。数学アレルギーを語る人はいても、文学や歴史を見たくもないという話はあまり聞きませんよね。

理系の人は殊更に自分が理系だとは主張しませんが、理系同士だから分かり合えることがあることは実感しています。理系特有の言動を面白おかしくまとめた「理系あるある」は尽きることなくネタが生まれています。理系の人も自分が属する「理系」というカテゴリの特殊さを感じているのだと思います。

『理系ミステリー』は今までにない新しいキャッチフレーズです。

書店の店頭でこれを見たとき、理系が苦手な人は「ムリ！」と思ったかもしれませんが、「こういうのを待っていた！」「これ、なんだろう？」と思いながら手に取った人もいたでしょう。実際にどんなものかと読んでみると、理系の要素がちりばめられつつ、それ以前にミステリー小説として面白い。「すべてがFになる」はテレビドラマやアニメになるほど、大ヒットしています。

森さんのブレイク以降は『理系ミステリー』という言葉が一般名詞化し、ひとつのジャンルとして確立されています。

新しいジャンルを打ち立てたという意味で、森さんと、彼のデビューを支援した編集者の果たした仕事は大きいと言えます。
言葉の切れ味で、新しいジャンルすらつくることができるのです。

熱狂的なファンのつくり方

「今までにない」ジャンル分けでミステリー好きの新たなファンを掘り起こす

『丼一杯に煮干60グラム以上使用』煮干好きだけを集めるラーメン凪の戦略

日本人の国民食と言われるラーメン。地域で愛され続ける名店もあれば、全国展開するチェーン店もあり、非常に競争の激しい業界です。せっかく美味しいラーメンをつくり上げても、そのことが伝えるべき相手に伝わっていないと埋没しかねません。

新宿ゴールデン街の「すごい煮干ラーメン凪」は超個性派です。

特徴は煮干でとった濃厚スープ。

ラーメンのスープの材料は多種多様です。鶏ガラやトンコツなどの動物系や、煮干やアゴダシなどの魚介系のほか、コンブや削り節でうま味を増やしたり、長ネギやショウガで臭みを消したり、タマネギやニンジンなどの野菜で甘みを出したり……。

これだけ多様な選択肢があるなかから、ラーメン凪は煮干を選びました。煮干ラーメンはオンリーワンではありませんが、ここまで、煮干にこだわっている店はほかにないのではないでしょうか。

看板には「すごい煮干ラーメン専門店」「煮干が嫌いな方ご遠慮ください」「煮干王」「日本全国から厳選した20種類以上の煮干を独自ブレンドした濃厚スープ」など、これでもか！というくらい、煮干の文字が並んでいます。

極めつけは『丼一杯に最高級煮干を60グラム以上使用』というフレーズ。

チャーシューが何枚とか、麺が何グラムといった表現はよく見ますが、スープに使っている素材の重量をアピールしている看板はまず見かけません。普通のラーメンにどのくらいの煮干が使われているのかは分かりませんが、わざわざ60グラム以上だと言っている以上は、よそよりは量が多いのだろうということは想像できます。

この時点で、煮干が好きではない人は「これはやめておこう」と思うに違いありません。ちょっとややそっとじゃない、ものすごく煮干の味がするのだろうと予想できるからです。店頭できちんとコミュニケーションができていると、いざ店内で食べ始めてから「こんなに煮干が強いのは無理」と残す人は一気に減ると思われます。

その一方で、煮干ラーメンが好きな人ならば、60グラム以上というフレーズを見て「ぜひ食べたい！」と思うでしょう。世の中には煮干ファンが確実にいます。煮干の味が濃ければ濃いほど良いという人もいます。彼らは猛烈に煮干ラーメンを欲し、その渇望する思いにラーメン凪は応えています。

ラーメン凪は２００４年に店舗を間借りして営業を開始。初期の店舗はトンコツラーメンでした。２００８年の新宿ゴールデン街への出店を機に、数年間かけて研究を続けてきた煮干ラーメンで勝負したところ、これが大当たり！　現在は渋谷や五反田、名古屋などのほか、台湾やフィリピンをはじめ海外にも進出を果たしました。

煮干濃厚スープをこよなく愛する人だけを対象に、煮干ラーメン一本で勝負するラーメン凪。**たったひとつの強みを生かして熱烈なファンを増やした好事例です。** ワンフレーズで熱烈なファンの心をとらえるのです。

熱狂的なファンのつくり方

圧倒的に「煮干」にこだわることで、他のラーメン店と一線を画すイメージを打ち出す

『人の死なないミステリー』松岡圭祐の万能鑑定士Qシリーズの強み

ミステリー小説には殺人が付き物だと思っていませんか。mysteryとは神秘や不思議といった意味ですから、必ずしも人が死ぬ必要はありませんが、ミステリー小説には不可解な殺人事件が起きて、主人公が卓越した推理力で解明する作品が圧倒的に多いです。

しかし、「ミステリー小説は大好きだけど、人が死ぬのがイヤ」という人も結構います。小説によっては殺害シーンや死体の様子が生々しく描写されていますから、読みたいのに読めない本があるそうです。また、現実の世界ではそれほど不可解な殺人事件は起こりませんから「変死体や密室殺人と言われてもピンとこなくて、本の世界に入り込めない」という人もいます。

そんな人たちに愛されているジャンルが『人の死なないミステリー』です。殺人事件は起こりません。でも、不思議な出来事や事件は発生し、主人公らはその謎を解きます。誰も殺されないので、読後の後味が悪いことがなく、ミステリーを読み慣れていない人にも薦めやすいジャンルです。

この分野を代表する作品が松岡圭祐さんの「万能鑑定士Qシリーズ」です。ずばり『面白くて知恵がつく 人の死なないミステリー』というキャッチフレーズがついています。

主人公の凜田莉子《りんだりこ》はありとあらゆる知識に通じた鑑定士で、自店「万能鑑定士Q」に持ち込まれる品々を鑑定します。莉子のパートナーは週刊誌記者の小笠原悠斗。仕事には熱心だけどドジという、ちょっぴり頼りない相棒で、莉子に思いを寄せています。

莉子はさまざまなものを鑑定することで事件を解決していくわけですが、鑑定対象のモノについて詳しく書かれているところも見どころです。綾瀬はるかさん主演で映画化された「万能鑑定士Qの事件簿Ⅸ」ではルーブル美術館の名画モナ・リザがモチーフでした。『面白くて知恵がつく』というフレーズは十分説得力があります。

そして、『人の死なないミステリー』という看板に偽りなし。本当に殺人事件は起こりません。ただし、荒唐無稽な話ではありります。莉子は、子どものころは感受性が強く、感情を込めすぎるがゆえに勉強に手が付かない万年劣等生でした。しかし、勤め先のリサイクルショップで情動を記憶力に変える特殊な勉強法を知ったことで、常人では考えられないほどの知識を吸収します。生来の豊かな感性に膨大な知識が重なったことで、莉子の能力が開花するのです。

この設定がシリーズの胆ですが、万年劣等生を天才にする勉強法などあり得ないし、ありとあらゆる知識を記憶できる能力も現実的ではありません。

しかし、そこに希望があるように思うのです。

劣等生や特殊能力は役に立たないと、切り捨ててしまうのは簡単です。でも、人にはそれぞれに可能性や才能があり、それを生かす場は必ずどこかにあるはずです。小笠原にしても職場では高い評価を得ていませんが、やがて莉子にとってなくてはならない存在になります。そんなストーリー展開の妙が本シリーズの魅力ではないでしょうか。

作者の松岡圭祐さんは1997年に発表したデビュー作「催眠」でいきなりミリオンセラーを記録した実力派です。「万能鑑定士Qシリーズ」は先日シリーズが完結しましたので、また新たな『人の死なないミステリー』シリーズの誕生を期待しています。

熱狂的なファンのつくり方

「ミステリーなのに人が死なない」という新境地でミステリー好きに訴求する

あらゆる液体を食べモノに変えた『食べるラー油』のインパクト

空前のブームを巻き起こした『食べるラー油』。従来のラー油はトウガラシを油に漬け込んだ調味料で、ギョーザのタレに数滴垂らすくらいしか使い道がなく、常備していない家庭も多かったと思います。しかし、最盛期にはスーパーの店頭に「本日入荷分『食べるラー油』完売」のPOPが下がるほど、爆発的に売れました。

ブームの発端は沖縄県の辺銀食堂が提供する「石垣島ラー油」だと言われています。ニンニクや山椒などの具がたっぷりと入った石垣島ラー油、当初は食堂で提供していましたが、評判になったことから、瓶入りを販売するようになります。ただし、手づくりなので量産ができません。品薄感も相まって、「幻のラー油」とも呼ばれていました。

2009年、桃屋が「辛そうで辛くない少し辛いラー油」を発売したことで、本格的なブームが始まります。**この商品名は絶妙でした。従来のラー油は辛みを追加する調味料でしたが、これは瓶の中身を見ると、大きめにカットしたフライドガーリックやフライドオニオンがぎっ**

しりと詰まっていてモリモリ食べられそうです。しかも〝辛そうで辛くない〟〝少し辛い〟のです。ふりかけや佃煮のようにたくさん食べても大丈夫という、商品コンセプトをビジュアルで伝えることに成功しました。

かくして店頭から商品が消えるほどの大ヒット。

「辛そうでなんとかいうラー油、今日も売り切れだったわよ」なんていう会話がそこら中で交わされました。

そこから、競合他社の参戦が相次ぎます。なかでもエスビー食品「ぶっかけ！おかずラー油」は桃屋と人気を二分する商品。「ぶっかけ！おかず」という単語を使って、ラー油ながら激辛ではないこと、たっぷりかけて食べる商品であることを伝えました。

狂乱ともいえるブームは一服しましたが、桃屋やエスビー食品の商品は現在も定番アイテムとして扱われており、『食べるラー油』はひとつのジャンルとして定着しました。人気を博した要因は何か、さまざま語られていますが、ラー油の固定概念を覆すコンセプトを「食べる」という簡潔な言葉で表したことが大きかったと思います。後にラー油以外でも「食べる〇〇」が流行し、食べるポン酢、食べるドレッシング、食べる醤油などが商品化されたのは、元になったフレーズが素晴らしかったからでしょう。

『食べるラー油』は、辛いものが嫌いな人は選びませんし、激辛好きも選ばないと思います。調味料であって調味料ではないので、料理に辛さを追加するには物足りないからです。辛くしたければ従来のラー油や、もっと辛い調味料を選ぶはずです。『食べるラー油』は食欲を刺激する程度に辛く、パンチの効いたモノをがっつり食べたい人の心と胃袋を見事につかみ、大ヒットしました。ひと言でマーケットが生まれてくるのです。

熱狂的なファンのつくり方

辛さで勝負するのではなく、ラー油のある美味しそうな食事というイメージに訴える

わずか3つの単語で語りきる。『OLDIES BUT GOODIES』六本木ケントス

ライブハウス「KENTO'S（ケントス）」は、1970年代に六本木から始まりました。男性はリーゼント、女性はポニーテールに落下傘スカートという出で立ちのバンドメンバーが、エルビス・プレスリーやコニー・フランシスなどのオールディーズを生演奏で披露します。

集まってくるのもそういった音楽を好む人たちですから、バンドメンバーと同じようなファッションをしています。会社帰りにわざわざ着替えている人もいました。1970年代の大ヒット映画「アメリカン・グラフィティ」などの影響もあったでしょう。CAMELやKENTのような外国産のタバコを吸うのがカッコよく見えたりもしました。

ケントスが多店舗展開を始めるのは1980年代中盤からです。一時期は主要都市のほとんどにあったのですが、今は直営店とフランチャイズで展開しています。そのうちのひとつが新宿3丁目の新宿ケントスで、私はそこに通っています。六本木ケントスは50年代から60年代の王道オールディーズがメインですが、新宿ケントスは70年代から80年代のディスコクラシック

スやロック、R&B、ソウルなどを得意としています。

ケントスでは最先端の楽曲を扱いません。音楽というマーケットは新陳代謝が激しく、10年も経てばヒットチャートの顔ぶれは一新されますし、トランスやEDMのような新しいジャンルも生まれます。そういう最先端音楽が好きな人もいるでしょうが、全員が新しいものを求めていないところが音楽の面白いところです。

ケントスは時代に流されることなく、世界観を貫いています。『OLDIES BUT GOODIES』というキャッチフレーズはオールディーズという音楽のジャンル名に掛けながら、「古い音楽だけれど、新しい音楽にはない良さがある」というケントスからのメッセージではないかと思っています。たった3つの単語で、ケントスのコンセプトを完全に言い表せているのですから、やはりすごいキャッチフレーズです。新宿店は今ではこのキャッチフレーズは使っていませんが、GOOD Old Songsというキーワードで、古き良き音楽にこだわり続けています。

私はそんなケントスが大好きです。店でいつも感じるのはノスタルジックエモーション。これ、オリジナルの造語なのですが、雰囲気は伝わるでしょうか。四文字熟語で言えば、温故知新。平たく言えば、胸がキュンとする感覚です。人間には誰にでも懐かしいものを求めるベクトルが備わっていて、私の場合は、ベクトルの先にあるのが新宿ケントスなのです。

店に集まっている顔ぶれを見ると、私と同年代やそれ以上の方々もいますが、20代と思しき若者もいます。彼らはケントスで演奏するような音楽のリアルタイムを知りませんから、おそらく、親御さんや周囲の人が聴くきっかけを与えてくれたのでしょう。でも、それが良いと思ったから、ケントスに来ているのだと思います。

演奏する音楽の年代は古いけれど、古いとか新しいとかではなく、この音楽が良い、こういう雰囲気が好きだと思った人が集まるライブハウス。それがケントスです。こだわりを示すワンフレーズ、みつけて下さい。

熱狂的なファンのつくり方

時代に流されることなく徹底してOLDIESを追求することでファンをつかむ

ハイビジョンにも負けない！『女優が創り、育てた自然派化粧品』江原道

「色白は七難隠す」と言います。博多美人や秋田美人も肌のキレイさが評価されているとの説もあります。美しい肌は美人の条件と言えるでしょう。

江原道は女優の故・早乙女愛さんがプロデュースした自然派化粧品のブランドです。女優は美しくて当たり前のように思われますが、職業柄、肌が荒れやすいそうです。

少し前まで、女優のメイクはこってりとドーランを塗るのが主流でした。ドーランは一般的なファンデーションと違い、肌をぴっちりと覆って均一にするので、顔立ちがはっきりと見える効果があります。舞台では今でも活用されていますし、テレビや映画も、昔は画質が悪かったので、ドーランが多用されてきました。

ただ、ドーランは油分が多く、肌には相当な負担がかかります。しかも、撮影現場は過酷そのもの。埃っぽいスタジオで強いライトを浴びながら、長時間を過ごすわけです。走って、動いて、汗をかくこともあるでしょう。肌に良いことはひとつもありません。そのせいで肌荒れ

するのも当然のことだと思います。

早乙女さんも肌荒れに悩む一人で、1980年代中ごろから自然派化粧品の開発に取り組み、麻布十番にエステティックのサロンをオープンします。このサロンには早乙女さんや彼女の女優仲間も通うようになり、「女優の駆け込み寺」と呼ばれるようになりました。そして、1989年に業界初のハイビジョン対応ベースメイクシリーズを発売。「女優の肌を常に最高の状態に魅せる」というファンデーションは、小じわや毛穴を隠す機能性と、肌への優しさを両立し、ロングランのヒット商品となりました。

現在、江原道には女優やプロのメイクアップアーティストが愛用するブランドというイメージが定着しています。ブランドストーリーには早乙女さんの名前こそ出ていませんが、「肌荒れに悩むひとりの女優」が「自ら試し、つくりあげ、楽屋に置いた」のが江原道の始まりだと紹介し、それがそのまま『女優が創り、育てた自然派化粧品』というキャッチフレーズになっています。

昨今の女優メイクは肌の質感を生かしたメイクが主流です。ハイビジョンになったことで、肌そのもののコンディションを整えて、ナチュラルに仕上げないと、美肌に映らないのだそうです。女優にとっては大変な時代だと思いますが、一般女性から見れば、女優のメイクがより身近に感じられるようになりました。女性向けの媒体を見ていると「石原さとみがメイクのお手本」「北川景子顔は作れる！」などの見出しが並んでいます。

世相を反映してか「女優顔」「女優メイク」を謳う化粧品や、開発に携わった女優やタレントの名前で売り出す商品も少なくありませんが、そのなかでも江原道のキャッチフレーズは良くできています。**『女優が創り、育てた〜』というブランドストーリーを語ることで提供価値を表現しつつ、「女優」という一般名詞を使うことで、受け手に具体的なイメージをゆだねています。**時代が移ろい、旬の女優の顔ぶれが変わっても、女優に対して抱くイメージは不変ですから、このフレーズは今後も使い続けることができそうです。

熱狂的なファンのつくり方

化粧品の品質ではなく、「女優が創り、育てた」というイメージで共感させる

第7章

趣味嗜好で分ける

分かる人にだけ
伝わればいい

INTRODUCTION

前章で「一部の熱狂的なファンにだけ伝わる特徴をキャッチフレーズにすると良い」という点に触れました。第7章は一部の熱狂的なファンが集まる業種・業態をつくってしまう話です。人間は自分が好きなものほど、中途半端に扱えないものです。

たとえば、鉄道が好きな人はジャンルが細分化されており、乗るのが好きな人、写真を撮るのが好きな人、駅弁が好きな人など、さまざまなタイプがいます。この奥深さを分からずに、ただの〝鉄道好き〟と扱われると、ちょっとした悲劇が起こります。

「この間、話題の豪華列車に乗ったんですよ」

「素敵ですね。僕の場合は時刻表が専門でして、あの列車は……（うんちく）」

「……今どき時刻表っていらないですよね。乗換案内がありますし」

「ま、そうなのですが、いや、そういうことじゃなくて」

こんな感じであまりにかみ合わないと、もう説明する気力もなくなります。

だからこそ、分かり合えているときが最高に気持ちいい。

大型の書店に行くと、さまざまなジャンルの本が揃っていて面白いのですが、趣味の書籍となると、やはり専門店の独壇場です。ハードロックなどコアなジャンルの音楽情報誌はお茶の水界隈の楽器店で手に入ったりしますし、画集や科学図鑑など販売部数が多くない書籍は美術館・博物館に併設されている売店の方が品揃え豊富なことが多いです。書籍に限らず、グッズでも、ウェアでも、体験サービスでも同様です。

その分野が好きな人は（熱狂的であればあるほど）マニア心を満たす場を探していますし、そういう場に出合えたらグイッと引き寄せられます。

店としては、そんな熱狂的なファンの期待に応える店、品揃えを目指すべきでしょう。中途半端ではダメですよ。趣味嗜好は生活必需品ではありませんから、エッジを効かせなければ、ファンの心をつかむことができないのです。

「こういうコンセプトの店です」ということを明快に打ち出し、それに違わぬ店ができれば、物見遊山の顧客や〝にわか〟ファンは来なくなります。でも、その分野が本当に大好きで、時間もお金も惜しまず投資する熱狂的なファンが集まります。顧客同士の交流も当然のことながらディープになり、それがまた店の雰囲気をより良くしてくれます。

その第一歩が、店や商品の名前であり、キャッチフレーズです。

分かる人には分かる言葉。知っているからこそ、クスッと笑ってしまう言い回し。それは趣味嗜好が同じ人にだけ通じる秘密の暗号なのです。

ペットに上質なおもてなしを提供する『ペッツカールトン』

今や何兆円とも言われるペット産業。もはやペットは家畜どころか、愛玩動物を越えて、家族の一員になりつつあります。動物に対しては「猫に餌をやる」「犬を散歩に連れて行く」という表現で良いのですが、「猫ちゃんにご飯をあげる」「ワンちゃんとお散歩する」とまるで人間の子どものような扱いです。

動物と人間の境界が曖昧になっていることには賛否両論あり、動物が好きではない人には信じ難い感覚だと思います。ただ、今のペット産業がそういうレベルで動物に愛情を注ぐ人たちが牽引していることは知っておく方が良いでしょう。アイドルや各種サブカルチャーの産業構造とも似ています。

東京都武蔵村山市に『ペッツカールトン』というペットホテルがあります。上質なおもてなしで知られるホテルチェーンを思わせるネーミングです。

ペットホテルも競争が激化していますから、差別化戦略が欠かせません。低価格や利便性、動物看護師常駐など、さまざまな施策が考えられますが、『ペッツカールトン』のオーナーは預けられる犬の気持ちを考え尽くすことにこだわりました。

施設はペットホテル専用に建てられたもの。全39室すべてがスウィートルームという位置づけです。ペットホテルは個室が基本ですが、広さはまちまちで、ゲージを積み重ねたような、人間でいえばカプセルホテルのような施設もあります。『ペッツカールトン』は小さい部屋で1畳、最も広いVIPスウィートは3畳ですから、のびのびと過ごせそうです。

室内には空気清浄機や脱臭機を設置し、シャンプー・シャワーで使用する水には炭酸泉を採用。また、屋外には40畳のドッグランがある上に、よその犬が苦手な犬向けの専用ドッグランも整備しています。飼い主と離れて過ごす間も、ペットが心身ともに健やかでいられるようにとの配慮が感じられます。

これらサービスを提供するペットホテルを『ペッツカールトン』と命名したところが、オーナーのユニークなところです。

ペットホテルの利用者には、人間の子ども同然に溺愛する飼い主もいれば、犬は犬だと割り切って飼育している飼い主もいます。後者の割切型は愛犬を大切にしていますが、動物をもてなすという発想がありません。ホテルの名称を見て「なるほど」とは思っても、強烈に引き寄せられることはなさそうです。

それに対して、溺愛型の愛犬家は普段からペットを擬人化しているので、あの有名ホテルチェーンと結び付けてイメージをふくらませ、上質なおもてなしを期待することでしょう。彼らは愛する我が子に最高の環境を用意したいと考えており、そのための支出を惜しみませんから、ペットホテルのターゲットとして非常に有望だと言えます。

「うちの子にラグジュアリーなホテルステイを提供したい」と思う愛犬家を引き寄せる――それが『ペッツカールトン』の戦略なのです。ネーミング自体がコンセプトであり、ゆるぎないこだわりなのです。

熱狂的なファンのつくり方

「ラグジュアリーな一泊を」という飼い主の心を一瞬でとらえるネーミング

サバゲーの戦士たちが物資補給に立ち寄る『ミリの駅』

サバイバルゲームをご存知でしょうか。敵味方に分かれて、エアソフトガンという遊戯銃と、ＢＢ弾というプラスチック弾を使い、疑似的な戦闘を楽しむゲームです。「サバゲー」「サバゲ」などと略されることもあります。

サバゲーの遊び方にはさまざまなバリエーションがあります。先に敵陣に達した方を勝者とするフラッグ戦や、チームを全滅させた方を勝者とする殲滅戦、敵スパイを設定してゲームを複雑化させるスパイ戦や、攻撃を受けた仲間を回復させる衛生兵を置くメディック戦など、楽しみ方はいろいろです。

ゲームといっても殲滅だの戦闘だの、物々しい単語が並ぶので、好ましくないイメージを持つ人もいますが、「被弾したら自己申告してゲームから離脱する」という紳士的なルールもあり、なかなか奥の深い世界です。

最近は屋内型の施設も増えてきました。装備品などゲームに必要なアイテムはすべてレンタル可能で、仕事帰りやデートでも立ち寄ることができます。少し前までサバゲーといえば、ミリタリー好きを含むコアなユーザーがメインでしたが、着実にそのすそ野は広がってきているようです。

東京の豊洲にある『ミリの駅』は、サバイバルゲーマーをターゲットにした専門店です。サバゲーに欠かせないエアソフトガンや各種パーツ、ＢＢ弾、ゴーグルなどを扱っており、通信販売にも対応します。

開業はサバゲー人気が高まり始めた２０１０年。なぜ豊洲を選んだかといえば、千葉県にサバゲーをするための専用フィールドが多数あり、東京からクルマで向かうとき立ち寄るのにちょうど良いからだそうです。フィールドに行く前に消耗品のＢＢ弾を買い足したり、新しいガンを買ったり、目的地の手前だからこそ引き寄せられる商流があります。

行く前に立ち寄るということは、帰り際にも立ち寄れるということ。「今日のフィールドは良かった」「この作戦が勝因だった」「こういう装備が必要だと思った」など、ゲームを終えたばかりの戦士たちの会話はホットです。**ヘビーユーザーの会話は、店にとって貴重な情報収集の機会ですし、情報が動く場には人が集まってきます。**店で新たな仲間と出会い、次回サバゲーの企画が進むこともあるでしょう。『ミリの駅』では初心者歓迎も謳っており、新規ユーザーの開拓にも取り組んでいます。
『ミリの駅』はサバゲー好きな人が集まり、人と情報が行き交う場所です。この店名は軍隊を意味するミリタリーと、「道の駅」を掛け合わせたもの。道の駅には「休憩機能」「情報提供機能」「地域連携機能」の3つの機能がありますが、『ミリの駅』も戦士が休息し、新たな情報と、連携する仲間を見つける場となっているようです。

熱狂的なファンのつくり方

立地、サービスなど
コアなファンが本当に欲するものを徹底的に追求する

本気で呑むなら『鬼ころし』、しっとり呑むなら『くどき上手』

日本酒を造っている酒蔵は日本全国で１５００軒弱。そのうち全国規模で大量に出荷できている大規模事業者は数％で、６割以上は年間販売数量が１００キロリットル以下で造り続けている酒蔵です。

銘柄の数は1万点とも2万点とも言われています。消費者にとっては酒蔵の名前よりも、銘柄の方が馴染み深いのではないでしょうか。

たとえば、昭和の日本酒ブームを牽引した「越乃寒梅」は石本酒造。新しい酒造りで注目を集める「獺祭」は山口県の旭酒造。全国ＣＭで知られる「松竹梅」は宝酒造。私の著書にたびたび登場する新宿・樽一が提供する宮城の日本酒「浦霞」は佐浦です。

日本酒の銘柄には古式ゆかしいものもあれば、今どきの言葉を使ったもの、ワインのような横文字のもの、擬音で雰囲気を演出しているもの、精米歩合の割合など製法にちなんだものなど、それぞれに個性があって楽しいです。

ほとんどの銘柄はその酒蔵だけが造っているオンリーワンなのですが、いくつか、複数の酒造が出している銘柄もあります。

代表的なものが『鬼ころし（鬼ごろし）』。

なんともおどろおどろしい名前です。由来は「鬼を殺してしまうほどの辛口の酒」「鬼のように屈強な男性も酔わせる酒」など、諸説あるものの、お酒が強い人やお酒が好きな人をターゲットにしていることは間違いないでしょう。

何十種類とある『鬼ころし』のパッケージの多くには鬼が描かれており、名前のインパクトも相まって、パンチの効いた日本酒という印象です。

お酒を楽しむのに年齢や性別は関係ないとはいえ、若い女性が180ミリリットル紙パックの『鬼ころし』をストローで呑んでいたら、その意外な組み合わせに驚いて二度見したくなると思います。

つまり、『鬼ころし』はガツンと呑むイメージなのです。

これと正反対のイメージを持つのが亀の井酒造『くどき上手』。

代表銘柄『くどき上手　純米吟醸』を筆頭に、ほとんどのラベルには口元の紅が印象的な女性の浮世絵が描かれていて、艶っぽい風情が漂います。お酒の味わいも柔らかで色気のある上品さが魅力。グイグイ呑んで酔っぱらおうというよりは、**しっとりと味わって頬を染めたいようなお酒です。**

日本酒は種類が豊富なので、気になった銘柄やラベルデザインから試してみるのも楽しいです。気になったということは、その商品に引き寄せられたということ。名前やラベルから受けた印象と、お酒の香りや味わいはマッチしているかどうか、その商品に惹かれた理由と併せて考えてみてください。

熱狂的なファンのつくり方

数多の日本酒の中から、一瞬でイメージを呼び覚ますネーミング

大きいサイズの靴だけを扱う店『ガリバーシューズ』

Mサイズやしサイズの洋服が普通に着られる人は良いのですが、自分に合うサイズの既製品が見つからない人にとって、買い物は結構大変です。

店頭では売れ筋のサイズか、そのデザインが最も美しく見えるサイズのものを並べています。マネキンを見て素敵だなと思っても、サイズ違いを出してもらうと印象が違ったり、そもそもワンサイズしかつくっていないと言われたり、ガッカリすることもしょっちゅうだとか。デパートでは大きいサイズ／小さいサイズコーナーが設けられていますが、格段に規模が小さく、選択肢は限られています。

もう、どこで買えばいいんだ！という気持ちでしょう。過疎地では日用品の購入にも困っている買い物難民が問題になっていますが、店がたくさんあるのに自分に合うものが見つからない彼らも、ある種の買い物難民と言えるかもしれません。

販売数量で見れば標準サイズが最多で、大きいサイズや小さいサイズのマーケットは大きくありませんが、確実にニーズはあります。しかも、比較的競合が少ないですから、店のターゲティングとしては十分成立します。

たとえば、横浜にある大きい靴の専門店『ガリバーシューズ』。

ガリバーは大きいものの比喩としてよく使われる単語です。もともとはジョナサン・スウィフトの小説「ガリバー旅行記」に登場する主人公の名前。ガリバーは普通の人間なのですが、小人の国に行ったエピソードが有名で、巨人のイメージが定着しました。しかも、小人の国で対立する二大政党の名前が「高踵党」「低踵党」と靴にちなんでいるのです。

『ガリバーシューズ』はそのイメージをうまく店名に取り入れました。サイズが大きいがゆえに、買い物に苦労している男性であれば、店名を聞いただけで「あ、ここなら自分の靴が見つかりそう」と思うことでしょう。

扱っている商品のサイズを店名に取り入れている事例はほかにもあります。

小人をもじった可愛らしいネーミングの『Ｃｏｂｉｔｔｏ（コビット）』は奈良県発の小柄な女性向けファッションブランド。１号サイズから展開し、細かなサイズ調整にも応じています。

大手企業では、婦人靴の卑弥呼が大きいサイズ専門のセレクトショップ『Ｑｕｅｅｎ's卑弥呼（クイーンズひみこ）』を展開。通信販売のニッセンは身長１６４センチ以上の長身女性向けラインを『Ｓｌａｔｔｇｉｒ（スラットジール）』、身長152センチ前後の小柄な女性向けのラインを『プッチージョ』とそれぞれ命名しています。

ちなみに、伊勢丹の婦人服売り場では大きいサイズを「クローバー」、小さいサイズを「ストロベリー」と呼びます。表立って謳ってはいませんが、クローバーはオーバーから、ストロベリーはいちご＝一号から命名されたようです。また、「クイーン（大）」「プリンセス（小）」や、「モデル（大）」「シンデレラ（小）」と呼ぶ店もあります。

サイズに悩む買い物難民にどう呼びかけるか。知恵の見せどころです。

熱狂的なファンのつくり方
「自分に合う靴がなかなか見つからない」と悩む人が覚えられるネーミング

スモーカーのためのタバコのヤニ取り歯磨『スモカ歯磨』

森永キャラメルや赤玉ポートワインなど、数々の傑作を生んだ広告界の鬼才、片岡敏郎さん。ヤニ取り歯磨『スモカ歯磨』の企画立案を手掛けたことでも知られています。

現代の歯磨剤はチューブに入ったペーストタイプや低粘度の液状タイプが主流ですが、もともとは〝歯磨き粉〟との名称にも表れている通り粉状のものでした。日本の文献に歯磨剤が登場するのは1643（寛永20）年。龍脳や塩などを混ぜ合わせたもので、効能として「歯を白くする」「口中の悪しき臭いを去る」ことが謳われていました。

明治時代に入ると福原商店（現・資生堂）から日本初の練り歯磨き「福原衛生歯磨石鹸」が発売されます。その後、小林富次郎商店（現・ライオン）も歯磨剤市場に参入。ライオンという社名はこのとき歯磨の商標に使われたことが始まりでした。

1925年、寿屋（現・サントリー）から『スモカ歯磨』が発売されます。当時は袋入りの粉状歯磨剤が主流でしたが、粉は飛び散ったりむせたり使いにくかったようです。『スモカ歯磨』

は適度に水分を含んだ粉末状の潤製タイプとし、丸い缶に入れて高級歯磨として売り出すことになりました。

商品名スモカ（SMOCA）はタバコを吸う人＝スモーカー（SMOKER）をアレンジ。

販路はタバコ屋。

そして、片岡さんが生んだ「タバコのみの歯磨スモカ」というキャッチフレーズ！

これでもかとタバコにこだわったプランニングに、日刊紙への広告大量出稿も奏功し、『スモカ歯磨』は喫煙者用の歯磨剤として確固たる地位を築きました。

1932年、『スモカ歯磨』の製造販売権は寿屋から寿毛加社（現・スモカ歯磨）に移り、片岡さんは寿毛加社の取締役に就任。その後も『スモカ歯磨』の広告に携わります。

現在、同社ウェブサイトでは片岡さんが手掛けた作品の数々が広告ギャラリーとして公開されています。いかにもパイプが似合いそうな紳士が登場する作品もあれば、女性が高らかに歌っている作品や、のどかな田園風景を切り取った作品もあり、喫煙が大人のたしなみだった時代に広告で多くの人々を楽しませていたことがうかがえます。

ヤニ取り歯磨というジャンルは今なお健在で、丸缶入り『スモカ歯磨』にも長年の愛用者がいます。同じ着色汚れでも、お茶やコーヒーなどの汚れと、ヤニ汚れでは物性が違うため、ヤニ取り専用歯磨だからこその効果があるそうです。

ターゲット以外の人にはさっぱり響かないけれど、愛好家は泣いて喜ぶ――モノがあふれ情報過多の時代だからこそ、そんな商品・サービスが求められています。疲れた脳のリフレッシュには歯磨行動が有効との説もありますから、歯を磨きながら考えてみるのも良いかもしれませんね。

熱狂的なファンのつくり方

喫煙者が抱える悩みが解消できることを前面に打ち出す

第8章

3行錬金術

イグニッション
ライティングの作法

INTRODUCTION

ここまで数々の優れた事例を紹介してきました。その大半が言葉やフレーズを駆使しています。第2章の視覚は表現手法として言葉を使っていませんが、誰に何を提示するのか、根幹部分に言葉は必要です。人間は思考や発想を言語化して初めて、他者と共有することができます。看板を発注するにしても、社内で情報共有するにしても、言葉なくして伝えることはできませんよね。

第3章以降は言葉そのものが主役です。どの事例も、思いつきを綴っているわけではありません。そもそもコーポレートメッセージやコンセプトなど伝えたいことがあって、それを伝えたい相手に、きちんと伝わるように、使う単語を吟味し、丁寧に言葉を組み上げています。

だからこそ、「この店に行ってみたい！」「この商品が欲しい！」「このサービスを試してみたい！」と思ってもらえるのであり、そのメッセージに心が動かない人は遠ざけることができるのです。招き入れたい顧客だけを引き寄せるためには、あなたが発した言葉がそれだけの力を持つ必要があります。

本章では人の心を動かす言葉やフレーズを生み出す手法「イグニッションライティング」を紹介します。

心に火を着ける言葉はいかにして生まれたのか？

人の気持ちをグンと動かす、推進力を生み出す言葉。

それはまるで自動車のエンジンに点火、着火するキーのようなもの。

ひとたび心に火が着けば、その人は行動を開始せざるを得なくなります。

私は、そんな点火力を持った言葉を「イグニッションワード」、フレーズを「イグニッションフレーズ」と命名しました。そして、イグニッションワードやイグニッションフレーズを生み出す手法を『イグニッションライティング』と呼びます。点火力を持つ言葉やフレーズはどのようにして生まれるのか、広告の事例で考えてみましょう。

少し前まで、自動車の広告はスペック勝負でした。エンジンサイズ、馬力、最高速度、静粛性、環境性能、最大積載量、デザインといったスペックがいかに他車より優れているか、どれほど先進的な車なのかといったことを語っていました。

しかし、あるとき「自動車って、人やモノを移動させるだけの道具に甘んじていて良いのだろうか」「もっと他の価値もあるんじゃないのか」、そう真剣に考えた人がいました。

この発想から始まって「移動以外の価値って何だろう」「思い出づくりの道具？」と発想が膨らみ、自動車には思い出を創り出すチカラもあることに思い至ります。

「そうだよ、そこを訴えよう！」

そうして生まれたのが、日産自動車セレナ「モノより思い出。」というコピーでした。

この言葉は、多くの男性たちの心に火を着けます。仕事の忙しさにかまけて、家族の、子どもの相手をせずにきてしまったパパたちは「たまには子どもと遊んであげないとな」と思い始めました。しかし、ガレージにある愛車はクーペ。これでは家族でキャンプになんて行けないし、海に遊びに行くことも難しい。心に火の着いたパパたちは家族みんなで乗れるようなワゴン、バン、ジープなどへの買い換えを検討します。

かくして、街乗り型のクルマの市場が一気に広がりました。

これがイグニッションフレーズ。

たったの7文字で眠っていた男たちの〝アクティブ心〟に火を着けたのです。

イグニッションフレーズの威力

もうひとつ、事例をご紹介しましょう。

56歳の若さで亡くなった天才、スティーブ・ジョブズは生涯を通して、多くの人たちの心に火を着け続けました。その代表がｉＰｏｄだと私は思います。

プレゼンテーションの天才でもあったジョブズはｉＰｏｄ発表の場で「容量５ＧＢ」「重量１８５グラム」などのスペックも説明していますが、それだけだったら、世界はこれほど驚かなかったでしょう。ｉＰｏｄがいかに革新的な製品なのか、ジョブズはシンプルに表現します。

「１０００曲をポケットに入れて持ち運べます」

まさにイグニッションな表現でした。この言葉は広告にも使われ、「アルバム１枚って何曲？」「仮に10曲としても、アルバム１００枚分が収納できる」「すげ～！」といった会話があちこちで飛び交い、ｉＰｏｄは社会現象を巻き起こしました。

そう、ジョブズのイグニッションフレーズ「１０００曲をポケットに」が若者の心に火を着け、彼らを動かしたのです。

ジョブズのように聴衆の前でプレゼンテーションをする機会はそう多くないと思いますので、まずは身近なところで、名刺の活用を考えてみましょう。

イグニッションフレーズが搭載された名刺は、まるで営業パーソンのように、あなたに代わって仕事を連れてきてくれます。

たとえば、こんなフレーズ。

《消費者金融に払い過ぎた過払い金。取り戻すのが得意です。》

もしも消費者金融から借りたお金をやっとの思いで返し終えた人がこの名刺を見たら、間違いなく飛びつきます。一瞬で心に火が着いてしまうからです。

これがイグニッションフレーズの威力です。

あなたの能力、あなたの商品、あなたの経験、あなたのノウハウ。

そんなカタチのないものに関心を向けさせるには、〝相手が求めていること〟を提示するしかありません。

相手の求めていることを見つけ、言葉にすれば、それがイグニッションになります。

イグニッションは、〝何を？〟と〝どう？〟のワンセット

イグニッションフレーズをつくるにあたり、最も重要なことは【何を書くか？】を見つけることです。でも、ややもすると、どう書くか？にこだわりがち。言葉の迫力や切れ味、言い回しや言葉の組み合わせにばかり着目するのは間違いです。表層的なインパクトを追い求めても、目の前にいる見込み客の心をつかむことはできません。

ここで私の経験談をお話ししましょう。

かなり前の話になりますが、私は小さなマーケティング会社の役員を務めていました。ちょうど会社を辞める気持ちを固めていたころに、社長から「某銀行が主催する異業種交流会に代理で出席してくれないか」との声がかかりました。

その交流会の参加者は経営者やそれに準ずる人たちがほとんど。

私は二つ返事をしました。

中山マコト個人として、会社の名前を一切使わず、どこまで通用するかを試す最高の機会だ

と捉えたからです。そして、そのためには新しい名刺が必要だと考えました。

当時所属していた会社はプランニングやリサーチ、デザインワーク、コピーライティング、システム開発まで手掛けているので、会社の名刺を出せば、誰とでもそれなりに会話は弾みます。しかし、それでは会社の看板を使っているのと同じ。何も持たない、すっぴんの、徒手空拳の中山マコト個人としてその場に向かおうと考えました。

新しい名刺には自宅の電話番号と住所、そして
『良質なビジネス書を毎月40冊読破する会　会長　中山マコト』

と印刷しました。

この肩書きを選んだのは、経営者には勉強好きで、読書家が多いからです。経営者の集まる場所でマーケティングの話をしても、普通は既存の取引先があるので、その場で深い話にはなり得ません。でも、ビジネス書に関する話題ならば必ず食いついてくれるだろうし、話が盛り上がるはずだと踏みました。

これが冒頭に触れた【何を書くか？】です。

言い換えればターゲティングです。

この肩書き作戦は非常に功を奏しました。

名刺をお渡しした方の半分以上が関心を示し、「たくさん読んでいらっしゃるんですね。最近、面白い本はありましたか」「○○という本が良いと聞いたのですが、まだ読めていなくて。あれ、どうですか？」といった質問が返ってきます。

私は相手の職種などを確認した上で「それでしたら、△△さんの書いた○○という本はとても面白かったですよ。内容はこんな感じで……」などと解説をします。すると相手はメモを取ったり、付き添いの方に「今の本、買っておいて」などと指示を出します。

これできっかけづくりは万全、中山マコトという存在を刻んだ瞬間です。

ですが、これだけでは仕事につながりません。

私はその日のうちに書店に行き、提案した本を買い、翌日の朝一番で届けました。バイク便も使いました。バイク便は都内から都内の配送でも数千円するので、少なくない出費でしたが、5～6人の方に対して自腹で手配しました。

この行動が大きな成果につながりました。まさかそこまでやるとは思っていなかったでしょう。本をお渡しできた方からは本気のお礼をいただきました。そして、「改めてお礼がしたい」「もっと詳しく話を聞きたい」という流れになり、結果、私は自分の仕事を説明できましたし、いくつかの仕事を受注することもできました。

こうして私の心の中に「会社がなくても自力でやっていけそうだ！」という自信の火が着いたのです。

要は、相手の状況を見越して、その相手が関心を示す内容を提示することが何よりも重要なのです。それでもピンとこない相手に対してはマーケティングやリサーチの話題をいくら投げかけても、良い関係性を築くことはできません。

イグニッションフレーズとは【相手の欲しいだろうもの、関心を示すだろうこと】を想定し、待ち伏せする言葉です。相手が求めないモノ、ずれているモノをいくら並べても、空回りするばかりです。私の経験で言えば、マーケティングやリサーチについて、いくらカッコよく語ったところで、意味がないということなのです。

イグニッションフレーズの構成要素

中山流イグニッションフレーズは、以下の3つの要素で構成されています。

■相手＝見込み客が今、置かれている状況。（ビフォー）
■あなたの持ち味、得意技。
■今の状況が改善された後の望むべく状況。（アフター）

それぞれの要素を見つけ、言葉に置き換えて、提示してあげる。それだけで、確実に相手の心には火が着きます。あなたを必要とする、強い気持ちが目覚めます。

それでは3つの要素を詳しく見ていきましょう。

■相手＝見込み客が今、置かれている状況。（ビフォー）

〝見込み客が今、置かれている状況〟をはっきりさせること。それを言葉で表現して「あなたは今、こんな状態ではありませんか？」と指摘します。これを、イグニッションメソッドでは

「指名」と呼んでいます。

たとえば、カフェを始めたばかりの女性オーナーがいるとしましょう。オーナーは念願のカフェを始めてみたものの、思うように売り上げが伸びないことに悩んでいます。

つまり、オーナーの抱えている現状は「もっと売り上げを上げたい！」「もっと顧客を呼びたい！」ということなので、これをフレーズに仕立てます。

【カフェを絶対に成功させたいですか？】

【絶対にカフェを失敗したくないですよね？】

思うような成果が出ていないカフェオーナーはもちろんのこと、これからカフェを始めるけれど失敗しないか不安を感じている人も、このフレーズを見ると「あ、私のことだ」と感じることでしょう。これが指名です。

指名を受けると、心当たりがある人は振り向かざるを得ないし、立ち止まらざるを得ない。これを「ブレーキング力」と言います。見込み客の気持ちをピタリと止めて、こちらに注目させる力です。

イグニッションの1行目はブレーキング力がないといけないんです。

■あなたの持ち味、得意技。

あなたはチラシで集客するノウハウを持っているとします。自分でも店舗を抱え、これまで何度もチラシを使って集客してきたので、どうすれば顧客の集まるチラシが作れるか、そのやり方を熟知しています。そして、そのノウハウを、カフェの経営者に届けて成果につなげてほしいと考えています。

このイグニッション＝あなたの持ち味、得意技を伝えるために、

【書いて配るだけで顧客が勝手に集まるノウハウあります！】

とします。あるいは、

【集客力を一気に何倍にも増やすチラシ、作りたくないですか？】

でも良いでしょう。

これは見込み客＝集客に苦労・苦戦しているカフェのオーナーならば、喉から手が出るほど欲しい能力で、「私はその能力を私は持っています」「あなたに授ける用意があります」と伝えるわけです。

そう言われて「結構です」なんて返す人はいません。見込み客の「欲しい」という感情と、

「手に入れたい」という思いに着火するのが2行目の役割です。この時点で、見込み客は一刻も早く、あなたのノウハウを知りたくてウズウズしています。

でも、我慢。最後にダメ押しの1行を突きつけてあげましょう。

■今の状況が改善された後の望むべき状況。（アフター）

最後の1行は、少し気取った言い方をすれば『あなたがあなたの能力を使って、見込み客を誘導する場所』です。見込み客が行きたくて行きたくて仕方ない理想郷、ユートピアです。そこに到達した状態を見込み客に見せてあげましょう。

【行列のできる店を創りませんか？】

あるいは、

【毎日顧客であふれ、売り上げの心配がゼロの店を創ります】

でも良いですね。

ユートピアでは、見込み客が抱えている問題や不満、悩みにモヤモヤなどのネガティブな感情がすべて消え、最高に気持ちの良い状態に達しています。このアフターの状態をイメージさせてあげることができれば、どんな人でも首を縦に振ります。

おさらいしましょう。

ターゲットは、集客に苦戦しているカフェのオーナーか、絶対に失敗したくないカフェオーナー予備軍です。

■相手＝見込み客が今、置かれている状況。（ビフォー）

【カフェを絶対に成功させたいですか？】

【絶対にカフェを失敗したくないですよね？】

■あなたの持ち味、得意技。

【書いて配るだけで顧客が勝手に集まるノウハウあります！】

【集客力を一気に何倍にも増やすチラシ、作りたくないですか？】

■今の状況が改善された後の望むべき状況。（アフター）

【行列のできる店を創りませんか？】

【毎日顧客であふれ、売り上げの心配がゼロの店を創ります】

これらフレーズを並べてみます。

イグニッションフレーズタイプA：
カフェを絶対に成功させたいですか？
書いて配るだけで顧客が勝手に集まるノウハウあります！
行列のできる店を創りませんか？

イグニッションフレーズタイプB：
絶対にカフェを失敗したくないですよね？
集客力を一気に何倍にも増やすチラシ、作りたくないですか？
毎日顧客であふれ、売り上げの心配がゼロの店を創ります。

ＡＢどちらが正しいということはなく、そこは好みの世界です。重要なのは３つの要素がしっかりと含まれていること。どれが欠けてもイグニッションフレーズは成立しません。

競合との差別化を意識してみよう

また別の例で、効果的なイグニッションフレーズの作り方を考えてみましょう。

あなたは税理士で「もっと顧問先を増やし、業容を拡大したい」と願っているとします。税理士は競合が多く、外からは能力の違いは分かりにくいもの。ほとんどの企業や店は既に税理士を雇っていますから、そこに割って入り、顧問の座を獲得するにはライバルたちとの圧倒的な違いを見せる必要があります。競合に打ち勝ち、新たな顧問先を獲得するイグニッションフレーズが必要なのです。

あなたの持ち味は〝新規事業開発の提案力〟だとします。過去にも、顧問先に対して税務処理業務だけでなく、新規事業の提案をして、軌道に乗せ、成功に導いてきました。イグニッションフレーズでは、この新規事業提案力を打ち出します。税務処理が得意だといくら叫んでも、そこは差別化のポイントにはなり得ないからです。

見込み客としても、常に新たな柱となる事業を模索しています。どんなにうまくいっている企業でも、程度の差こそあれ、未来への不安を抱いているもの。ましてや経営が万全、盤石でない場合はなおさら、どうにか新規事業を開拓したいと考えています。

そこであなたの出番です。新たな顧問先を獲得するイグニッションフレーズとはどのようなものか、考え方と段取りは先ほどと同じです。

まずは、
■相手＝見込み客が今、置かれている状況。（ビフォー）
を指摘するフレーズとして、

【新たな売り上げの柱、作りたくないですか？】

と書きます。

今現在、未来への不安を抱えている経営者が「作りたくないですか？」と質問されて、NOと答える人はいないでしょう。

あるいは、

【もうひとつ事業の柱があれば安心なのにと感じてはいませんか？】

というのも良いでしょう。

いずれも、会社の未来に対して漠然とした、あるいは、明確な不安を抱えている経営者にはズンとくるフレーズです。

2行目は、

■あなたの持ち味、得意技。

について数字を伴った実績を紹介できると最良です。

たとえば、

【これまでの3年間で14社の新規事業を開拓し、平均57％の売り上げアップを実現しました】

こう書かれたら、未来が不安な経営者は詳しい話を聞きたい、すぐにでもチカラを借りたいと言い出すかもしれません。

もうひとつの方向としては

【事業開発力抜群の税理士と言われています！】

という表現もありです。

税理士と事業開発という言葉は通常、マッチしません。むしろ遠い言葉です。本来遠い言葉をつなげることをコピーライティング的には〝二物衝撃〟と呼びます。二物衝撃はその意外性から「お〜！」という驚きを生むので、注目せざるを得ないのです。

3つ目の要素は、

■今の状況が改善された後の望むべき状況。（アフター）

つまり、ユートピアを見せること。

事業に不安を抱いている人は、どうなったら嬉しいでしょうか。どうすれば、毎日枕を高くして、安心して眠りにつけるでしょうか。その理想の姿を言語化します。

たとえば、

【会社の未来への不安を取り除き、気持ちの良い眠りを取り戻しましょう】

という表現はどうでしょう。いつも心配事を抱え、充分な眠りを確保できていない経営者にはズシンと刺さる言葉ではないでしょうか。

また、こんなのもあります。

【好きなゴルフや趣味を思う存分楽しめる毎日を提供します！】

世俗の不安から抜け出し、好きなことに没頭できる日々を誰もが夢見ているはずですから、そんな理想の状態を実現してみせます！と宣言するわけです。

さてこれで、新規顧問先を増やす準備はできました。今まで用意したフレーズをつなげてみましょう。

イグニッションフレーズタイプC：
新たな売り上げの柱、作りたくないですか？
これまで3年間で14社の新規事業を開拓し、平均57％の売り上げアップを実現しました。
会社の未来への不安を取り除き、気持ちの良い眠りを取り戻しましょう。

イグニッションフレーズタイプD：
もうひとつ事業の柱があれば安心なのにと感じてはいませんか？
事業開発力抜群の税理士と言われています！
好きなゴルフや趣味を思う存分楽しめる毎日を提供します！

Cは未来に不安を抱く経営者なら、間違いなくグッとくるフレーズです。Dも同様で、資金繰りや売り上げ確保、利益確保に汲々としている経営者なら飛びつくことでしょう。あとは、このフレーズを名刺に印刷して配るだけ。見込み客が食いついてくるのを待っていれば良いのです。

イグニッションフレーズを読ませるコツ

ここまでを振り返って、いかがですか。疑問はありませんか？

私自身、これまでたくさんのクライアントにイグニッションフレーズを提供してきました。

そのなかで、頻繁に質問されることがあります。

「こんなに長くて平気ですか？　こうした言葉って短い方が良いと聞いたのですが……」

お答えしましょう。

長くても平気です！　短くする必要はまったくありません。

理由は簡単です。

必要な要素が組み込まれていないものはイグニッションフレーズとは呼べません。無理に短くして、結果、必要なことが伝わらなければそれは大いなる本末転倒。意味のない努力です。

もちろん、だらだらと言葉を並べ連ねて、結果、長くなるのはいけません。

できるだけコンパクトに、不要な言葉を削る努力は必要です。

ですが、それは過不足のない内容になっていてのこと。テレビＣＭのように15秒までという条件があったり、限られた広告スペースに入れ込まなければならなかったり、制約がある場合は別ですが、通常は、あなたが好きなように使うフレーズです。

決して、短いことが偉いわけではありません。

遠慮なく長いフレーズを作って、そこから無駄を削る作業をするべきです。

イグニッションフレーズのもうひとつの効能

イグニッションフレーズは、見込み客の気持ちに火を着けるフレーズです。これについては充分にご理解いただけたと思いますが、イグニッションフレーズには、実は隠されたもうひとつ、大切な効能があります。

【自分の心に火を着ける】という効能です。

それは、どういうことか。

今まで作ってきたイグニッションフレーズを概観してみましょうか。

カフェを絶対に成功させたいですか？

書いて配るだけで顧客が勝手に集まるノウハウあります！

行列のできる店を創りませんか？


絶対にカフェを失敗したくないですよね？

集客力を一気に何倍にも増やすチラシ、作りたくないですか？

毎日顧客であふれ、売り上げの心配がゼロの店を創ります。


新たな売り上げの柱、作りたくないですか？

これまで3年間で14社の新規事業を開拓し、平均57％の売り上げアップを実現しました。

会社の未来への不安を取り除き、気持ちの良い眠りを取り戻しましょう。


もうひとつ事業の柱があれば安心なのにと感じてはいませんか？

事業開発力抜群の税理士と言われています！

好きなゴルフや趣味を思う存分楽しめる毎日を提供します！

これらフレーズは「集客に圧倒的な力を発揮するチラシの作り方を知っています」「新規事業提案は私に任せなさい」と言い切っているのと同じです。つまりは宣言ですから、実体化しなければなりません。宣言した内容は実現しなければいけない、という当たり前のことです。

言葉は威勢が良いけれど実力が伴っていないとか、言い切った割に経験が浅くて話にならないのでは詐欺です。あなたの評判が地に落ちるばかりか、クライアントに多大なる迷惑をかけることになります。【言った以上は本物でなくてはいけない！】のです。

「改めて考えてみると宣言するほどの実力はない」「そこまでの自信はない」と思う人もいるかもしれません。もし、あなたがチラシ作りの専門家を標榜したとして、まだ実力不足だと感じるならば、あなたはどんな行動を取るべきでしょうか。

選択肢は2つです。

1つは宣言を取り下げること。なかったことにするわけです。それならば誰にも迷惑をかけずに、あなた自身の評判も落とさずに済みます。

でも、それで良いのでしょうか。「何としてでもイグニッションフレーズを生かしたい！」と考えるのなら、選択肢は1つしか残っていません。

新たに学んで、弱点を強化するのです。

本当に集客に寄与する、チラシ作りのノウハウを学ぶも良し。

再度、あなたのノウハウを実験して、確実なデータで立証するも良し。

本物のノウハウを確立しなければ、ただの嘘つきになってしまいます。

新規事業提案力を掲げる場合も同様で、確たる自信が持てないのなら、クライアントにお願いして、実験的に新規事業を立ち上げてもらう。あるいは、自分自身の事業として実行しても良いですし、あなたの弱点を埋めてくれるパートナーを見つけて共同事業にする手もあります。

ともかく、挑戦して、成功のノウハウを蓄積するのです。

【名乗った以上は、本物でなくてはいけない！】

このことだけは決して忘れずにいてほしいと思います。

イグニッションライティング10の方法

威力抜群のイグニッションフレーズ、オリジナルを作ってみたくなったと思います。ここではイグニッションフレーズを簡単に作る『イグニッションライティング10の方法』を紹介します。

①ドリームキャッチ法

ターゲットが考えてもいなかった、予想が及ばない〝夢〟のようなものに気づかせ、そこに向かう気持ちに火を着けてしまう方法です。

ステップ1：ターゲットの、今の悩み・不安・もやもやを想定します。

⇓　どうして、社長の自分ばかりが苦労するんだろう。

ステップ2：ターゲットがどうなりたいのかを夢視点で想定します。

⇓　社員が自発的に、ガンガン稼いでくれる会社！

ステップ3：どうすれば実現できるのか？　あなたが提供できる技を明らかにします。

⇓　コーチングベース！　1週間で最上級のやる気を持ったスタッフに変わる米国式育成メソッド。

ステップ4：順序を入れ替えるなど文章を整えます。

⇓　どうして、社長の自分ばかりが苦労するんだ！　そんな思いを持った経営者へ！

コーチングベース！　1週間で最上級のやる気を持ったスタッフに変わる米国式育成メソッドを駆使。社員が自発的に、ガンガン稼いでくれる会社に生まれ変わらせます。

②ノウハウ獲得法

ターゲットにとって、喉から手が出るほど欲しかった〝何か〟を提示します。

ステップ1：ターゲットの、今の悩み・不安・もやもやを想定します。

⇓　どうしても売れるセールスレターが書けない……。

ステップ2：何が手に入るかを提示します。

⇓　真似するだけでバカ売れコピー名人！

ステップ3：どうすれば実現できるのか？　あなたが提供できる技を明らかにします。

⇓
売れるコピーが次々に書ける独自の〝5ステップライティング〟を駆使！
ステップ4：順序を入れ替えるなど文章を整えます。
⇓
どうしても売れるセールスレターが書けないとお悩みのあなたへ！
売れるコピーが次々に書ける独自の〝5ステップライティング〟を駆使！
あなたも真似するだけでバカ売れコピー名人です！

③苦労軽減法

もう苦労は嫌だ！　そんなターゲットに、これで苦労なしでやれる！と気づかせる方法です。

ステップ1：ターゲットの、現在の苦労を想定します。
⇓
練習しても練習してもゴルフで100を切れない……。
ステップ2：苦労がなくなった時点の状態を指摘します。
⇓
どんなコースでも、ラクラク80台が出せる、気持ち良いゴルフライフを。
ステップ3：どうすれば実現できるのか？　あなたが提供できる技を明らかにします。
⇓
ピッチングウエッジ1本で、アプローチはピタピタ。驚異の寄せ技術。

ステップ4：順序を入れ替えるなど文章を整えます。
⇓ 練習しても練習しても100を切れないと悩むあなたへ！
ピッチングウエッジ1本で、アプローチはピタピタ。驚異の寄せ技術。
どんなコースでも、ラクラク80台が出せる、気持ち良いゴルフライフを。

④ブレークスルー法

頭打ちの現状を脱して、一気にブレークスルーしたい！というターゲットに、こうすれば一気にブレークスルーできるよ！と気づかせる方法です。

ステップ1：ターゲットの、現状を想定します。
⇓ 毎月、あと100万円が稼げれば、経営は安泰なのに……。
ステップ2：見事にブレークスルーが実現できた状態を共有します。
⇓ 売り込まなくても、やりたい仕事が、仕事の方からやってくる、ワクワクな日々。
ステップ3：そのブレークスルーを起こすのは、どんなやり方か？　あなたが提供できる技を明らかにします。

⇓　たった3つの事を、一日3分やるだけで、売り上げ50%アップ実現。
ステップ4：順序を入れ替えるなど文章を整えます。
⇓　毎月、あと100万円が稼げれば、安泰なのに！と言う経営者へ！
たった3つの事を、一日3分やるだけで、売り上げ50%アップ実現。
売り込まなくても、やりたい仕事が、仕事の方からやってくる、ワクワクな日々。

⑤駆け込み寺法

打つ手がない、とどん詰まりの方に向けて、これぞ最終手段、と語りかけるアプローチです。
ステップ1：ターゲットの、どん詰まり状態を想定します。
⇓　責任者として販売員教育をし尽くした、もう打つ手が思い浮かばない……。
ステップ2：見事に、問題解決ができた、成果につながった状態を見せます。
⇓　「またあの人に逢いたい！」スタッフが続々育つ。
ステップ3：その問題解決はどんな方法に裏打ちされているのか？　あなたが提供できる技を明らかにします。

⇓「叱らなくても、指導しなくても、スタッフが勝手に育つメソッド！」を駆使。
ステップ４：順序を入れ替えるなど文章を整えます。
⇓販売員教育をし尽くした、もう打つ手が思い浮かばない責任者の方へ！
「叱らなくても、指導しなくても、スタッフが勝手に育つメソッド！」を駆使。
「またあの人に逢いたい！」スタッフが続々育ちます。

⑥チャレンジ促進法

新たなやり方にチャレンジしたいという人に、今、抱えている課題は？と問いかけます。

ステップ１：ターゲットの抱えている課題を想定します。
⇓経営者としてはブログで新規顧客を獲得したい。
ステップ２：そのチャレンジが成功した時点の状態を共有します。
⇓文章が書けなくても、書く時間がなくてもブログでガンガン集客できる。
ステップ３：どんなやり方でその状態を実現するのか？を宣言します。
⇓過去に72社の成功をサポート！　集客ブログ代行専門ブログライターです。

ステップ4：順序を入れ替えるなど文章を整えます。
⇓　ブログで新規獲得をしたい経営者専門！
過去に72社の成功をサポート！　集客ブログ代行専門ブログライターです。
文章が書けなくても、書く時間がなくてもブログでガンガン集客できます！

⑦気づき法

思いも寄らない提案で、「それ、ぜひやりたい！」と気づかせる手法です。

ステップ1：基本的な思いを共有します。
⇓　経営する工務店をもっと成長させたい。
ステップ2：それやりたいかも？とターゲットの自覚していなかった面を指摘、共有します。
⇓　紹介客が続々と創出できる。
ステップ3：独自の方法論を提示します。
⇓　紹介受注8割の仕組みづくりが得意！
ステップ4：順序を入れ替えるなど文章を整えます。

⇓　もっと成長したい工務店専門！

紹介受注8割の仕組みづくりが得意！　紹介客続々創出コンサルタント。

⑧短期成就法

とにかく急ぐ！　時間がない！　そんな方に向かって、大丈夫、その期間で実現できる方法があるよ！と伝える方法です。

ステップ1：どのくらい急いでいるか？を提示させます。

⇓　3カ月でひと通りのビジネス英会話を習得しなければいけない……。

ステップ2：それが実現できた時点での快適さを提示します。

⇓　外国人とも気持ち良く話せ、ビジネスが好転する日々。

ステップ3：どうすればそれが実現できるのか？　その確かな方法論を提示します。

⇓　過去に2000人以上の「英語話せない」を「できた！」に変えた○○速習法。

ステップ4：順序を入れ替えるなど文章を整えます。

⇓　3カ月でひと通りのビジネス英会話を習得しなければいけない方へ！

過去に2000人以上の「英語話せない」を「できた！」に変えた○○速習法。
外国人とも気持ち良く話せ、ビジネスが好転する日々がやってきます。

⑨内密法

周囲の人に知られずに、こっそりと実現したいという場合に有効なやり方です。

ステップ1：こっそりやりたいという思いに共感してあげるところから始まります。
⇓　知り合いに気づかれずにダイエットしたい！　でも一人では頑張れない……。
ステップ2：それが実現できたあとの気持ち良さをイメージさせます。
⇓　久しぶりに友達と会いたくて会いたくて仕方なくなる、綺麗になったあなた。
ステップ3：それが実現できる根拠を提示。
⇓　マンツーマンシークレットダイエット虎の穴！　出入り口はレストランの裏口です。
ステップ4：順序を入れ替えるなど文章を整えます。
⇓　知り合いに気づかれずにダイエットしたい！　でも一人では頑張れないという方へ。
マンツーマンシークレットダイエット虎の穴！　出入り口はレストランの裏口です。

久しぶりに友達と会いたくて会いたくて仕方なくなる、綺麗になったあなた。

⑩コストパフォーマンス訴求法

とにかく、リーズナブルであることをハッキリと伝える方法です。

ステップ1：どれだけ安いか？を提示します。
⇓ 店でもネットでもどんなに調べても、当社より安い店はあり得ない。
ステップ2：購入後のハッピーな状態をイメージしてもらいます。
⇓ 買い物上手地域ナンバーワンと呼ばれる！
ステップ3：それが実現できる理由・根拠を見せます。
⇓ 工場から直接届く。あらゆる価格を調べて、それよりも安く設定。努力が違います！
ステップ4：順序を入れ替えるなど文章を整えます。
⇓ 店でも、ネットでも、とにかく調べてください。当社よりも安い店はあり得ません。
工場から直接届く。しかもあらゆる価格を調べて、それよりも安く設定。努力が違います！
だから買い物上手地域ナンバーワンと呼ばれますよ！

最終章

「蒙古タンメン中本」の看板はなぜ真っ赤なのか？

特別対談

実は辛いものが苦手⁉ それでも惹きつけられた魔性の味

「キキダス・マーケティング」実践者の中山マコトが、
長年、熱烈なリピーターに愛され続けるラーメン店、『蒙古タンメン中本』の社長、
白根誠氏との対談の中から、
価値観を共有する顧客を大切にする経営方針を聞き出します！

誠フードサービス代表取締役社長
白根 誠

1960年3月31日生まれ。埼玉県の熊谷市で育つ。子どもの頃から長嶋茂雄のファン。先代の中本正師匠を敬愛する。ラーメン好きで話題の店はほとんど食べるも、中本のラーメンが一番美味しくてハマる。いつも食べているのは、味噌タンメンと冷し味噌ラーメン。食べるときは店主ではなく、あくまでも中本の一人のファン。今後の目標は全国制覇。

――白根さんはもともと中本ファンだったそうですから、辛いものが好きだったんでしょう？

白根 その反対に全然ダメでした。初めて中本に行ったのは30年以上前になりますか、20歳のころです。風邪気味だったので、友達が「あそこのラーメンを食えば、風邪なんか一発で治っちゃうよ」と連れて行ってくれたんですが、いやあ、もうぶったまげました（笑）。

――看板メニューの蒙古タンメンですか？

白根 そのときは味噌タンメンの定食です。友達が「麻婆豆腐を飯にかけて食べると、うまい」って言うので、その通りにしたら、もう頭が爆発した感じになったんですよ。あんなに辛いものを食べたことがなかったし、そのあとは味噌タンメンまでも激辛に感じて、生まれて初めて、出された料理を残しました。俺らの世代は「食べ物を粗末にするな」と言われて育っていて、普段はスープまで飲み干すのに、残しちゃったんです。

――衝撃的なデビューでしたね。普通ならもう二度と行かなくても、おかしくないと思うのですが。

白根 当時の中本はいわゆる町の中華料理屋さんで、お世辞にもキレイとは言えない小さな店でした。でも、いつ見てもお客さんが入っているので「何かある」とは思っていました。だから、2回目に誘われたときは、もう一回チャレンジしようと思ったんです。そうしたらハマっちゃって、そのあとは自分で行くようになりました。

辛いものが苦手だったはずが、最終的には北極も食べましたし、冷し味噌ラーメンも大好きです。どちらものすごく辛いから、唇は腫れるし、目はウルウルする感じがする。それでも、食べたくてたまらないんですよ。当時は土日が定休日だったので、月曜がとにかく待ち遠しくてね。日曜夜には「明日は朝から中本だ!」と決めて布団に入り、目が覚めたらジャンプを買って中本に並んだりしていました(笑)。

――僕は味噌タンメンか、蒙古タンメンを食べることが多いかな。それより辛いものは、ちょっと怖くて、まだ手を出せていないです。

白根 その2つが一番の基本ですよ。俺は、現在も店舗を回りながら食べていますが、基本は味噌タンメンです。あとはやっぱり冷し味噌ラーメンかな。

――知人に誘われて辛いラーメンの店に行くこともあるんですけど、ただ辛いだけで味はスカスカのものがほとんどです。それに対して、蒙古タンメンは辛さだけじゃない美味しさがあります。

白根　ありがとうございます。ラーメンに限らず、辛い料理には口が痛くなるだけで、うま味がないものも多いですが、そういうのは料理じゃないですね。辛さが際立っているなら、それと同じぐらいのうま味がないと。甘味や酸味やいろいろな味がバランスよく組み合わさっていてこその〝辛うま〟。中本はどのメニューでもそれを大切にしています。

――西新宿はラーメン激戦区で、名だたる有名店が並んでいますが、中本はいつ見ても混んでいますね。しかも、食事時以外の時間帯でも行列ができているところがすごい。

白根　自分も中本に20年間通ったので、お客さんの心理は分かる気がするんです。世の中には無難なラーメンってあるでしょう。大多数が普通に美味しいと言うけれど、大してインパクトがないラーメン。そういうのは「また食べたい！」と強く思わないんじゃないですかね。中本の料理はインパクトが強いから、常連になる確率は低いかもしれない。でも、気に入れば〝超〟常連になってくれる。俺もそうでしたけど、定期的に食べないと落ち着かないんですよ（笑）。

――お客さんは中本を愛する同志なんですよね。僕は行列を観察するのが好きなのですが、流行に乗ろうという、ある種の義務感で並んでいる人たちは待っている間もスマホに夢中で、全然楽しそうじゃない。でも、中本のお客さんはどこか待ち遠しい顔をしていて、列が進むとニコッと微笑み合うような雰囲気を感じます。

白根 うちはお客さん同士が仲良くなるケースも多いです。中本では店舗ごとに「周年祭」や「辛者の会」というイベントを実施しています。20店舗ありますから毎月どこかでイベントがあって、お客さん同士が「どうも、どうも」「あ、こちらの店にもいらしているんですか」なんて挨拶を交わしていたりする。飲み屋ならともかく、ラーメン屋ですからね。どういうきっかけで話すようになったのか、不思議なんですよ。

オヤジさんに見守られ鍋を振り続けた修業の日々

——ご自身も熱烈なファンだった店を継承されたわけですよね。引継ぎはスムースでしたか。

白根 最初は断られたんですよ、継がせないって(笑)。

——それはまたどうして?

白根 1998年末に先代が中本を閉めたあと、代わりになる店をあちこち探しました。でも、さっきも話したように、辛さが売りのラーメン屋はどこも辛いばかりで、うま味もコクもない。「ああ、中本は違うんだ」と改めて気づかされて、電話で継がせてほしいと申し入れたのですが、「うちのラーメンは難しいから」と断られました。

一般的なラーメン屋はスープを仕込めば、一旦は完成します。中本でも基本のスープは仕込みますが、注文を受けてから肉や野菜を炒めて、仕込んだスープに合わせないと、あの味にはならないんです。麻婆豆腐も毎回調理しています。それが大変だから、継ぐなんて考えない方がいい、と言われました。俺には飲食業の経験もなかったですしね。

――美味しさの背景には大変な苦労があるんですね。でも、白根さんは諦めなかった。

白根　一度断られてから数カ月後、ちょうど冷し味噌が始まる季節になり、やっぱり食いたいなあと思って、もう一回電話をかけたんです。「もし自宅でつくることがあれば、一杯千円でも二千円でもいいから、俺の分もつくってくれませんか」って。「あんただけっていうのは無理だよ」とまたしても断られました（笑）。

それでも電話した手前、お愛想のひとつでもと思って「ラーメン屋に興味が出てきたので、中本を継ぐという話は置いといて、ラーメン屋の話を聞かせてください」と言ったら、「それならいいよ」と快諾してくれたんです。それでときどき飲みに行くようになりましてね。「これだけ仲良くなれたんだし、もう一回言ってみようかな」と思って

「継ぎたい」と言ったら、ちょっと考えてからＯＫを出してくれたんですよ。

――ついにやりましたね！

白根　その先は師匠であるオヤジさんの指示通りです。新しい店は旧店舗のそばに出せとか、店の造りはこうだとか、メニューもこれをやれとか。もちろん俺は完全なイエスマンでしたよ（笑）。もとの店名は「中国料理　中本」だったんですが、新しい店を出すにあたり、オヤジさんが「蒙古タンメン中本」と命名してくれました。開店して1年半くらいはオヤジさんとおかみさんが交互で手伝いに来てくれて、それが修業でした。オヤジさんたちは年齢と体調を理由に一回引退したのに、本当にありがたかったです。

――もともと中国料理の店だったんですね。確かに蒙古タンメンはラーメンというより、中国料理に近い。

白根　そうなんです。蒙古タンメンはその都度中華鍋を振って作るので、経験を積んだ職人じゃないとできません。また、調理には体力を消耗しますから、交代できる体制にしないといけないし、勤務時間にも限りがあるので、店舗には職人が何人も必要です。フランチャイズ店みたいに新人でも麺切ってスープ注げば出せるようなオペレーションにはできないから、中本は簡単に店を増やせないんです。

――そういう事情を知ると、白根さんの「スターをつくる」という発想が余計に響いてきます。スター、すなわち、現場の職人が主役という発想ですよね。普通は「目標○店舗」など、会社としての数値目標を掲げたくなるものです。でも、白根イズムを継承する職人が増えていけば、結果的に店舗が増えて、全国制覇することになる。

白根　スターをつくる話、よくご存知ですね（笑）。うちは店舗を増やすことを目的にはしていないけど、世間一般でいえば、店舗は増やしたいものなんでしょうね。これまでにもフランチャイズや多店舗展開を手伝いたいという営業マンがたくさん来ました。その都度、冗談じゃないって断ったんですが、聞くところによると、ラーメン屋の場合はフランチャイズ加盟から2週間前後で開業できるそうですね。オーナーなのか、雇った人なのか知らないけれど、誰でもラーメンをつくれるようになると。でも、そうやって多店舗展開するところって、個々の店を見るとどうかなと思う。

――分かります。誰でもできる仕組みだから、瞬発的に店を増やせるわけだけれど、その代わりに犠牲にしているものが多過ぎるんですよ。多くのチェーン店は、顧客は同じサービスで喜ぶという発想のもと、顧客を一律ベルトコンベアに乗せてしまう。

白根　うちは正反対で、着実に1店舗ずつ増やしてきました。17年間で20店舗が多いか少ないかは他人さまが決めることですが、将来的には各道府県に最低1店舗ずつ出したいとは思っています。というのも、周年祭で「今日はどちらから?」と尋ねると、「大阪。電車賃で破産しそうだから、早く何とかしてください」と言われたりする。「静岡にも出してほしい」「うちの地元にも!」と言ってくださる人もいる。そう思っていただけることが本当にありがたいから、「よし、頑張ろう」という気持ちが湧いてきます。

――チェーン店でありながら、各店舗の個性が光るやり方もあります。仕入れなどは規模の利を生かしつつ、サービスやメニュー開発は店の裁量に任せる方法です。実はこれこそがチェーンの本質のはずなんですけどね。

白根　修業を積んだ職人にのれん分けとして店舗を任せるのがいいかなと思っています。実はいずれ地元に戻って中本をやりたいと言うスタッフが結構いるんです。これは理想的だと思いました。会社都合で店を出して「2、3年で交代すると思うから」と転勤させるよりも、地元に根差したいと思っている職人に店を任せる方がずっといい。そうやって全国制覇できたら嬉しいですね。

厳しい目で商品開発、職人としての成長にも期待

白根　さっき「スターをつくる」という話が出ましたよね。俺、スタッフには「スターになれ」「カッコよくいろ」「ファンをつくれ」と常々言っているんです。ラーメン屋として、味はもちろん大事です。でも、調理の腕前だけじゃない何かがあるんです。お客さんと、どんな接点をつくることができるのか、そういうことも大事だと思うんです。

――料理って、最終的には人に行きつくのかなと思います。同じメニューでも、食べ慣れてくると誰が作ったのかが分かったりします。同じ中本でも、こっちの店よりあっちが好み、という人は多いのではないですか。

白根　そうなんですよ。俺が客だったときは調理人がオヤジさん一人でしたけど、いまは「俺のひいきはアイツ」「俺のホームはここ」といった声をよく聞きます。ちなみに「ホーム」は普段よく行く店。「出身」という言い方もあります。で、それ以外の中本に行くことを「遠征」と言う。すごいなあと思うのはホームが必ずしも自宅の最寄りじゃないことです。断然、通いやすい店があるのに「俺のホームはここじゃない、あそこだ」と言ってくださる。中本はそういう方々に支えられているので、頭が下がる思いです。

――一部メニューは各店舗のオリジナルですよね。メニュー開発はどのように進めていますか？

白根　開発するのは各店舗の職人たちです。やはり辛い料理が多いですが、辛いものにこだわる必要はありません。定番とは全然発想が違う斬新な料理や、高級食材に挑戦してもいいんです。唯一の条件は、ちゃんとお金がいただける商品であること。家庭料理じゃないので、独りよがりの料理では料金をいただけません。それを踏まえた上で、どんどんチャレンジしろと言っています。

――試作品のチェックは白根さんが？

白根　本社幹部と俺が試食します。試食会は毎月開催しています。まずはレシピを提出してもらい、そこから何人かを選びます。多いときは5人くらいが本社に呼ばれて、試食でＯＫが出るとメニューに載ります。試食会では言いたいことを言いますが、俺の意見だけで決まるのではありません。個人の趣味嗜好は違いますし、俺は年齢的に塩味が強いのがきつくなっているので、俺がちょっと濃いと思うくらいがちょうど良いこともあります。

――試食会での合格率はどのぐらい？

白根　半分は不合格です。残り半分もそのまま出すことはなく、手直しが入ります。

我々も食のプロですから「この具材はいらない」「これを組み合わせてはどうか」といった提案をしますし、「この素材が余計だ」「もっとスッキリさせないと食べられない」などの厳しい意見も出ます。その意見を一旦持ち帰って、再挑戦してもらう。その積み重ねでレシピが良くなるし、調理人としての腕も上がると思うんです。

――セブン‐イレブンの鈴木敏文さんも、新商品の多くを試食されていたそうです。鈴木さんが一度目の試食でＯＫを出すことはなく、何度も修正しながら、より良い商品を目指すのだとか。

白根　だからですか。セブン‐イレブンにはホントうまいものが多いですよね。あの規模で、あのレベルをよく維持できていると思いますよ。

――中本のインスタント食品も、商品開発には結構苦労されたのでは？

白根　確かにガンガン言いました（笑）。きっかけは10年くらい前、セブン‐イレブン側から商品化の申し入れがあったんです。以前から似た話はいくつもあって、カップ麺のメーカーはほぼ全社、来たんじゃないかな。それをずっと断ってきました。でも、遠くに住んでいて食べられない人もいますし、全国展開の前に中本の雰囲気を知ってもらうのもいいかなと思い始めていた。そこにちょうどセブン‐イレブンが来たので、話が進みました。
製造は日清食品で、何度もやり取りしました。だって出す以上は変なもの出せないでしょう。「もうちょっと豆腐を増やしてくれ」「原価を考えると、これが限界」「せめて2個増やして」「いや、それもちょっと厳しい」という具合です。味に関しても、どこまで辛くしていいのか悩みました。店頭なら何かあってもフォローができるけど、カップ麺でそれは無理ですから、何度も何度も試作を繰り返しました。

――カップ麺としては相当に辛いですよ。知人が初めて中本のカップ麺を食べたときは豪快にむせたらしいです（笑）。

白根　それを中本ではお約束と言います。勢いよくすすれば、必ず「オホン、オホン」ってなるんです（笑）。でも、苦労して開発したおかげで販売好調で、北極やご飯ものなど期間限定のバリエーションも増えました。

――あのパッケージも目を引きますよね。中本といえば、やはり赤のイメージです。

白根　そう、トウガラシの赤です。上板橋に初めてのお店を借りたとき、そんな新しい物件でもないし、大丈夫かなと思って、ペンキ屋に頼んで外壁を真っ赤に塗ったんですよ。そうしたら、仲介した不動産屋さんが泡食って来て「ちょっと白根さん！　外壁を塗るなんて聞いていないよ。中はともかく、外は勝手にいじっちゃダメだよ」って怒られました。そう言われても、もう塗っちゃいましたからね。で、一筆書かされました。「出るときはちゃんと全部修復します」って。もう大騒ぎでした（笑）。

——アメリカの色彩学会がつけた色の名前に「ハバネロレッド」っていうのがあるんです。あの世界一辛いというトウガラシの名前です。その色を塗った紙を見ると、それだけで人は汗かくのだそうです。

白根　へえー、すごいですね！　そんなところまで考えて選んだわけではなく、辛い料理と言えばトウガラシ、トウガラシなら赤みたいな、軽い気持ちで決めたのですが（笑）。

——その赤色が誘蛾灯のような役目を果たして、辛いものを愛するお客さんを呼んでいるんですよ。赤を選んだセンス、すごいと思います。

白根　看板などは今も赤を使っていますし、最近は金色も多く使っています。中本は金メダルのラーメン屋だと思っているから（笑）。

白根流、人材育成術。ほんの少しのスパイスを添えて

――お話を伺っていると、中本は白根さんの天職だという感じがします。

白根　最初に中本で食べたときがあんなだったでしょう。まさかここまでハマるとは思ってもみなかったです。しかも、ろくに料理もしたことがなかったのに、39歳で店を継いで、大好きな中本を仕事にできている。ラーメン屋のオヤジになって良かったと、今、つくづく思っています。もう最高！って叫びたいくらい（笑）。

――白根さんもいい声ですが、スタッフのみなさんも「いらっしゃいませ！」と威勢の良い声で迎えてくれて、気持ちがいいです。

白根　挨拶や礼儀は厳しく指導しています。アルバイトだけでなく、店長でも幹部でも声が小さいと注意しますよ。店舗はお客さんに「ちょっと声が大きい」と思われるくらいがちょうどいいんじゃないかな。人によっては静かに食いたいかもしれない。だから中本行きたくないと思う人もいるでしょう。でも、それは仕方ないですね。ほかにもラーメン屋はたくさんありますから。うちはうち、このスタイルを貫きたいと思っています。

――最近はラーメンをすする音がイヤだとか、誰とも顔を合わせずに食べたいとか、いろいろな意見がありますが、僕はもっとおおらかであってほしいんですよね。ラーメンはそんなひっそりと食うようなものではなくて、みんなで並んでガンガン食うもんだと思うから。

白根　そうですよね。ラーメンって、本来はB級と言われるようなもの。基本のラーメンは千円以内であるべきだし、食べるときはズズとすすって、おつゆをゴクゴクって飲む。「うまかったよ」と席を立つと、スタッフが大きな声で「ありがとうございました！」と言う。それでいいんじゃないかなあ。

うちの場合は、ありがたいことに声をかけてくださるお客さんが多いです。作り手にとって「〇〇ちゃん、今日もうまかったよ。また来るね」って言われるのは何よりの喜びでしょう。中本は普通のラーメン屋よりも忙しいし、体力も使います。それでも楽しく一生懸命に仕事をするのはお客さまのため、店のためであると同時に、自分のためでもあるんですよね。

――そういう環境で仕事をしていると、スタッフも成長するでしょうね。

白根　店の雰囲気があああいう感じなので、全体に元気が良いスタッフが多いですけど、たまにおとなしそうな子もアルバイトの面接に来るようです。でもね、最初は「大丈夫かな」と思っても、それぞれ仕事をしながら何かを得るのでしょう。年1回の忘年会で簡単なスピーチをさせると「中本に入ってから少し性格が明るくなりました」と言ってくれたりするんですよ。そういうのが本当に嬉しくてね。

――この仕事に向いている人材像というのはありますか。

白根　大切なのは人を引っ張れるか、人を育てられるかだと思います。店長は〝中本の店づくり〟を自ら実践するだけでなく、部下にもそれを伝えて、中本の店づくりができる人材を増やしていかなければなりません。定期的に入れ替わるアルバイトも含め、人を引っ張っていくのは結構大変なことです。調理や仕込みは時間をかけると誰でもある程度できるようになりますが、マネジメントは年季じゃない。持って生まれたものもあるとは思います。

――飲食業界の人手不足は深刻で、人材についてはどこも頭を悩ませていますが、中本のスタッフはどこか堂々と、誇りを持って仕事をしているように見えます。

白根　昔から「中本は普通のラーメン屋じゃない」ってことを言っていますからね。「これだけお客さんに愛されている店はほかにない、そこで働くスタッフはスターなのだから、きびきび動いてカッコ悪いところは見せるな」。そう言い続けています。

うちのアルバイトにはミュージシャンや俳優を目指している人、格闘家のタマゴもいるのですが、彼らが目指す職業と、中本の仕事は根っこが同じなんです。中本は美味しいラーメンでファンを増やしていく。この「ラーメン」を音楽や芝居や格闘技に置き換えればいい。○○さんは素敵な音楽でファンを増やしていく、とかね。どんな仕事もファンができて初めて、成立するんです。中本には毎日たくさんのお客さんが来ますから、アルバイトには「あなたの名前を覚えてもらって『○○ちゃん、来たよ』と言ってくれるファンを増やしていこう」と伝えています。

――誰よりもファンが多いのは白根さんではないですか。

白根 イベントで現場に出ると、1日に何百人と写メを撮るんです。俺って芸能人かと思ってしまうくらいで、みんなにも自慢しています(笑)。写真を撮るときに「一番のポーズをして」とリクエストされることも多くて、それがまた嬉しいし、お客さんと接しているのが楽しい。ラーメン屋のオヤジになって、本当に幸せだと思っています。

おわりに

私は17年間、フリーランスとしてやってきました。
どこにも属さず、誰にも縛られず、ずっと一人でやってきました。
その17年。
いろいろな事がありました。
経済的な不安に怯えた日もあったし、孤独にさいなまれた日もありました。
でも、それを支えてくれたのは、独立時に自ら決めた、たった1行の言葉でした。
『嫌な仕事は絶対にしない。嫌いなヤツとは絶対に付き合わない！』
この1行が、今の私を創り、これからも支えてくれるでしょう。

八方美人と言う言葉があります。
誰にでも良い顔をする、したい！そんな人達です。
でもね……よ〜く考えて欲しい。
みんなに良い顔をして、みんなに媚びて……。

相手できるでしょうか？　みんなに対応なんてできるでしょうか？

ＮＯです。明らかに答えはＮＯです。

そう、私達は世界中の人をすべて相手にはできない。

結局は選ぶしかないんです。だとしたら、だとしたら……ですよ。

気持ちの良い、分かり合える、無理とストレスのない日々を送りたくはないですか？

そういう人達とだけ、出会える方法を知っていれば、持っていれば……。

日々が……変わる。


私はそうでした。たった一人で始めるんだから、ちょっと面倒なことが起これば、それでアウト！　そうなりたくない！　と切に願いました。

そしてそのためにはどうしたら良いか？　一番キツい方法を選びました。

確かにキツかったですよ、独立当初は。

でも、そこを乗り越え、勇気を持って相手を選んでいったら……、
いつのまにか、手に入っていました、ストレスのない日々が。

気の合う仲間、気の合うクライアント、気の合う取引先。

気の合う相手だけが残っていました。
余計な気遣いの要らない、余計なストレスが生じない。
そんなストレスフリーの日々がそこにはありました。

これがベストとは言いません。
でも、私の周囲に居る人で、この基本を分からず、基本に気づかず……。
つらい日々を送っている人、沢山います。

今、声を大にして言います。
選んでいいんですよ！って。
選ぶことが即ち、選ばれることなんですよ！　と。

本書に登場する幾多の事例。
あなたにも刺激になったとは思います。
が、それは単なるテクニックとはまったく違います。

生き方であり、本質の〝在り方〟です。
あなたにもその生き方と本質を身につけて欲しい。
そうしたら怖いものなしです。

さて……この本をどう使うか？　それはあなた次第です。
できればぜひ、何度も読み返していただいて、あなたの座右に書になれれば……これ以上、幸せな事はありません。

常温のペットボトルが冷たく感じる朝に
中山マコト

謝辞

今回、フリーライターの林愛子さんとの
コラボレーションで、この一冊は生まれました。
林さんと世に本を送り出すのはこれで3冊目となります。

分かる人だけに伝わればいい
嫌な客は寄ってこない
共感したい人だけを引き寄せる

ロジカルな理系思考の林さんと、
私とで、「万人受けを狙わない、
ニッチな戦略=“遠ざけの法則”を捉えあい、
皆さんのお手元に届けることができました。
この場を借りて、
最後までずっと一緒に伴走していただいた林愛子さんに、
あらためて感謝申し上げます。

サイエンスデザイナー&ライター　林 愛子
ウェブサイト　http://sci-de.com

中山マコト
（なかやま・まこと）

日本のマーケッター、シンクロニスト。
「売れるヒントは人から訊き出せ！」を人生訓に、インタビュー術を駆使した独自のマーケティング戦略「キキダスマーケティング」を開発、実践する。お客さまの心を動かす企画を考案し、大きな実績を上げ続けている。市場調査会社勤務後、マーケティング、販売促進、広告制作に携わり、小売業、飲食業、サービス業などの売り上げ強化に手腕を発揮する。広告・販促プランナー、コピーライターとして、大手製薬メーカー、日本有数の食品メーカー、飲料メーカー、日用雑貨メーカー、コンビニチェーン本部など、多くの国内外の有力企業をクライアントとして手がける。コンビニエンスストア・チェーンでの「お客を立ち止まらせるPOP」、量販店での「お客さまを呼ぶ売り場づくり」などにおいて、通常の２倍、３倍の売り上げアップを連発している。近年は中小企業やビジネスマンに対し、戦う武器としての「言葉の使い方」をテーマに講演を行っている。著書は、『整理整頓をしない人ほど、うまくいく。』『９時を過ぎたらタクシーで帰ろう。』（ともに、きずな出版）、『「バカ売れ」キャッチコピーが面白いほどかける本』、『「バカ売れ」POPが面白いほどかける本』（ともに、KADOKAWA）、『フリーで働く！ と決めたら読む本』（日本経済新聞社）、『そのまま使える「爆売れ」コピーの全技術』（かんき出版）など、ベストセラー多数。

遠ざけの法則

万人受けを狙わない
熱狂的なファンのつくり方

2018年2月3日　第1刷発行

著者	中山マコト
発行者	長坂嘉昭
発行所	株式会社プレジデント社 〒102-8641　東京都千代田区平河町2-16-1 平河町森タワー13階 編集（03）3237-3732　販売（03）3237-3731 http://www.president.co.jp/
編集	岡本秀一
制作	関結香
装丁	草薙伸行 ●Planet Plan Design Works
撮影	よねくらりょう
販売	桂木栄一　高橋徹　川井田美景　森田巌 遠藤真知子　末吉秀樹
印刷・製本	凸版印刷株式会社

　ISBN978-4-8334-2263-5
Printed in Japan